NESSUNA VIA PER GLI ADULTI

LABIRINTI PER ADULTI

ActivityCrusades

Pubblicato da Speedy Publishing Canada Limited

ActivityCrusades
activity books

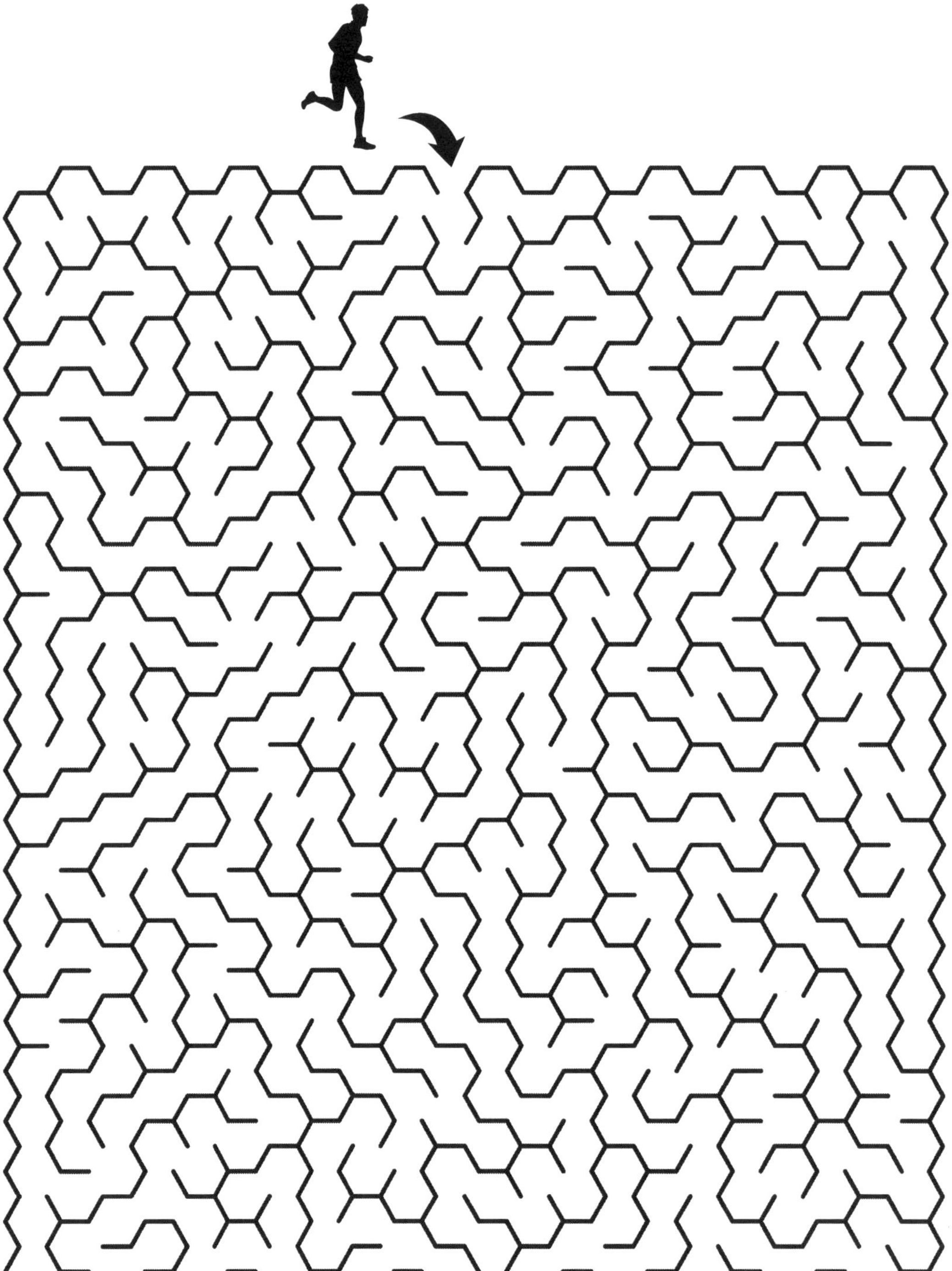

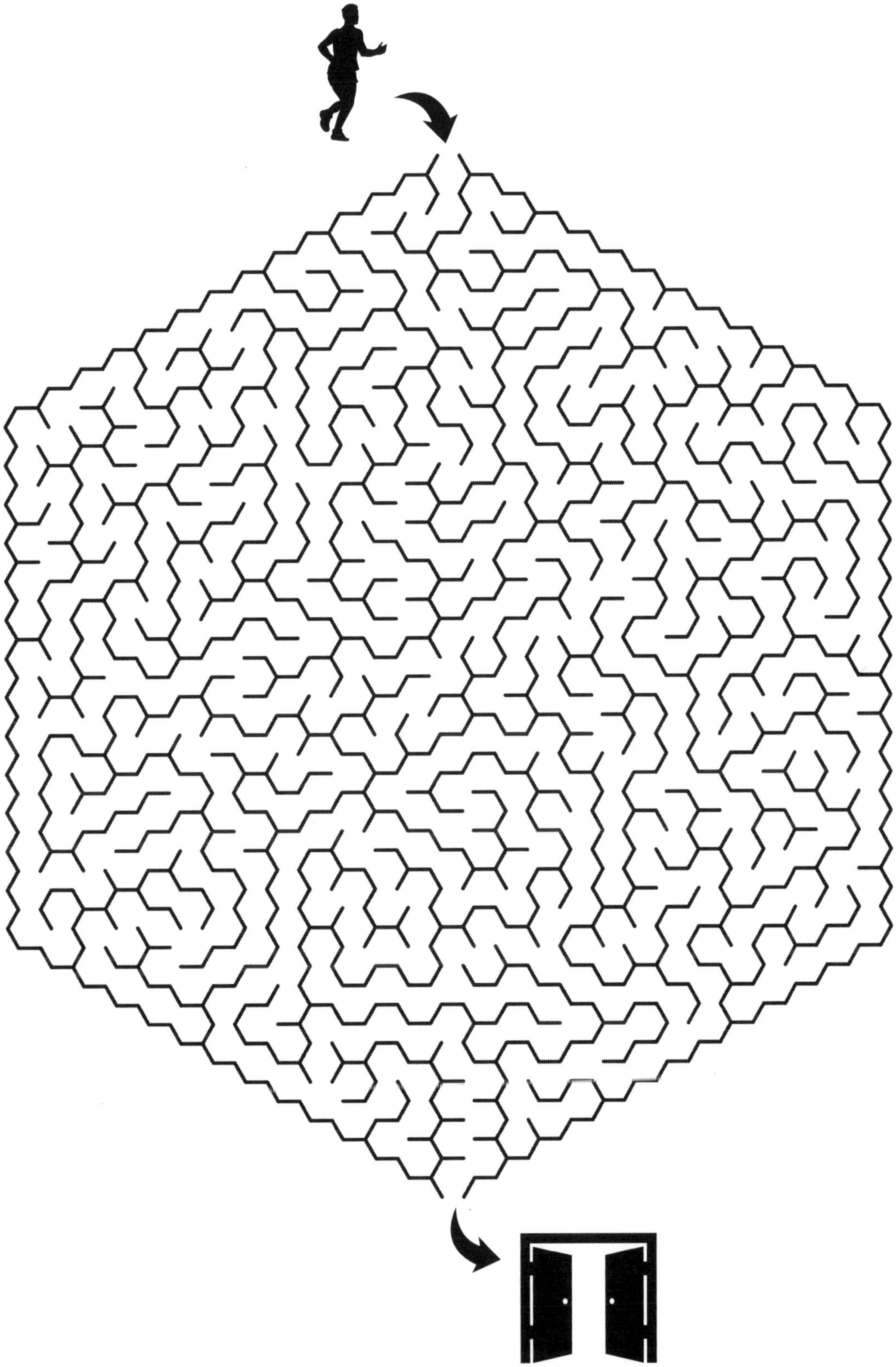

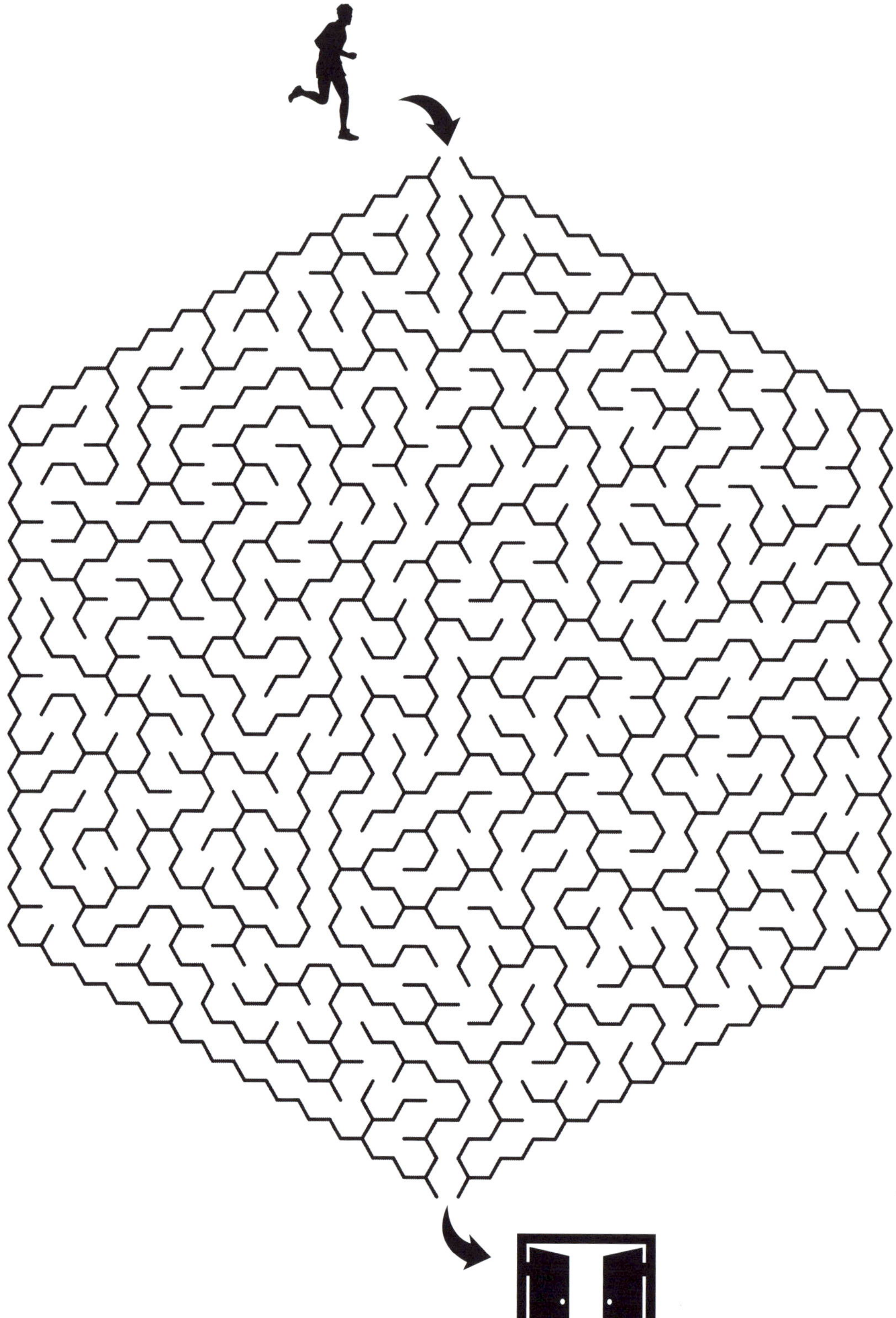

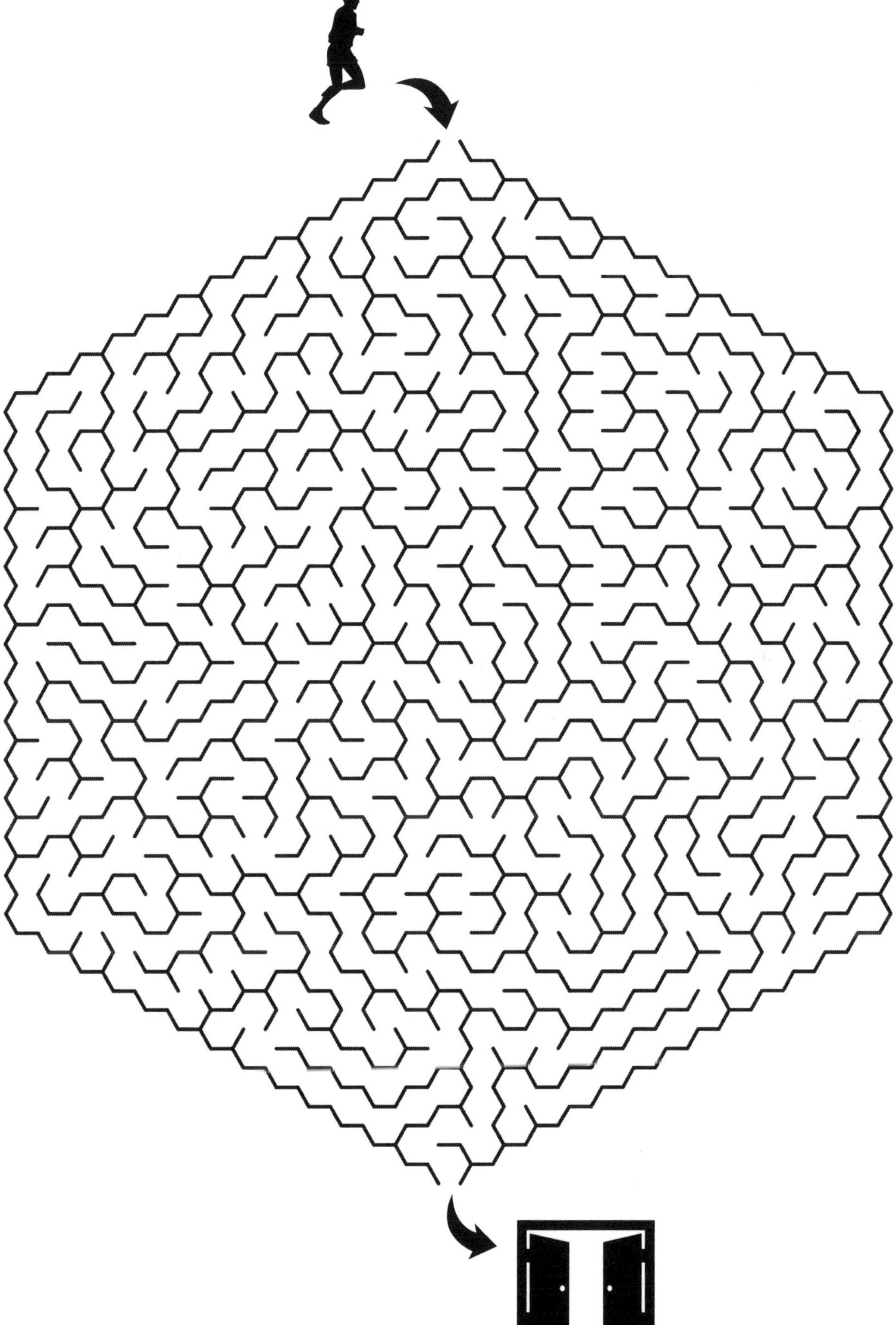

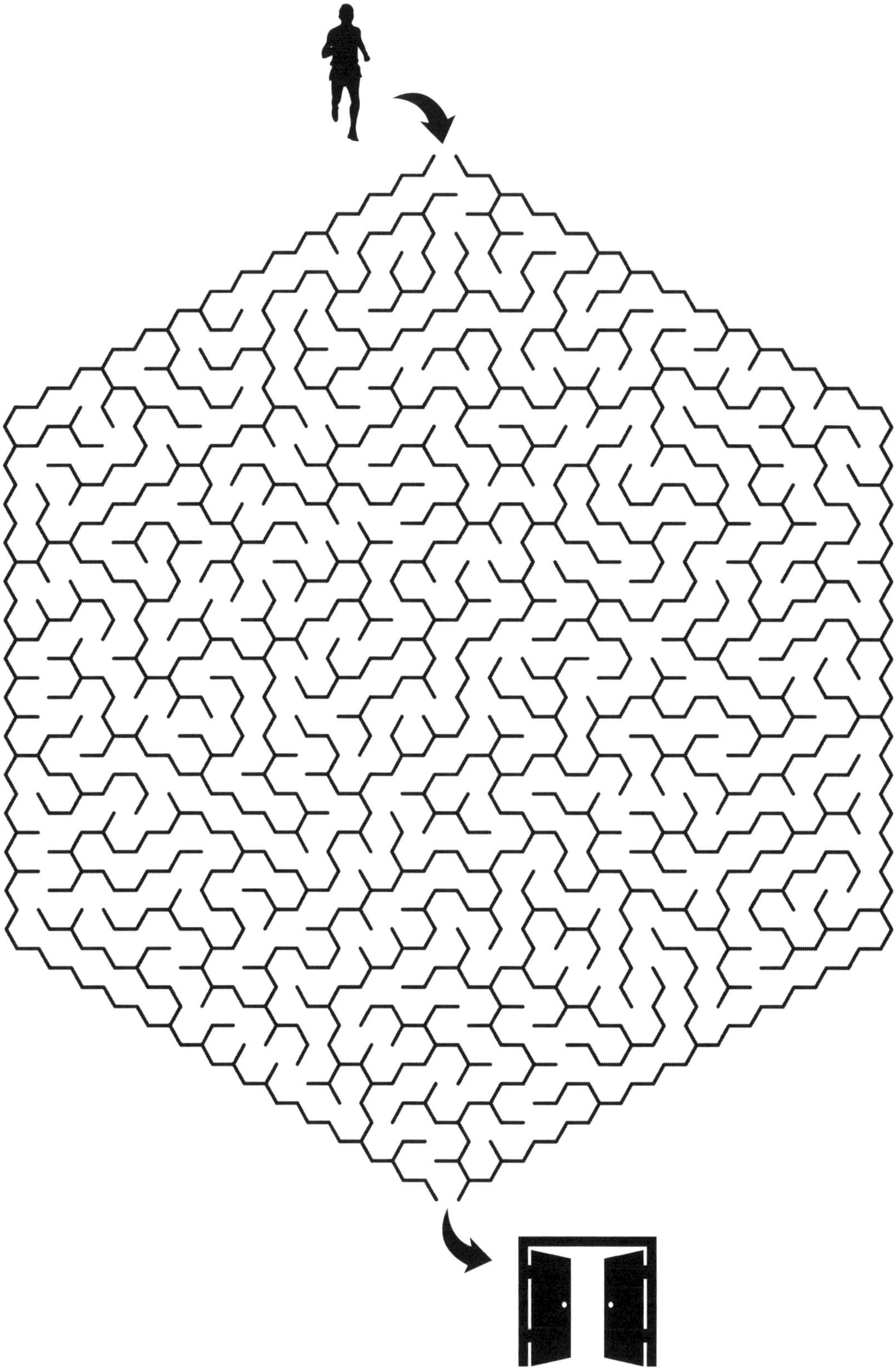

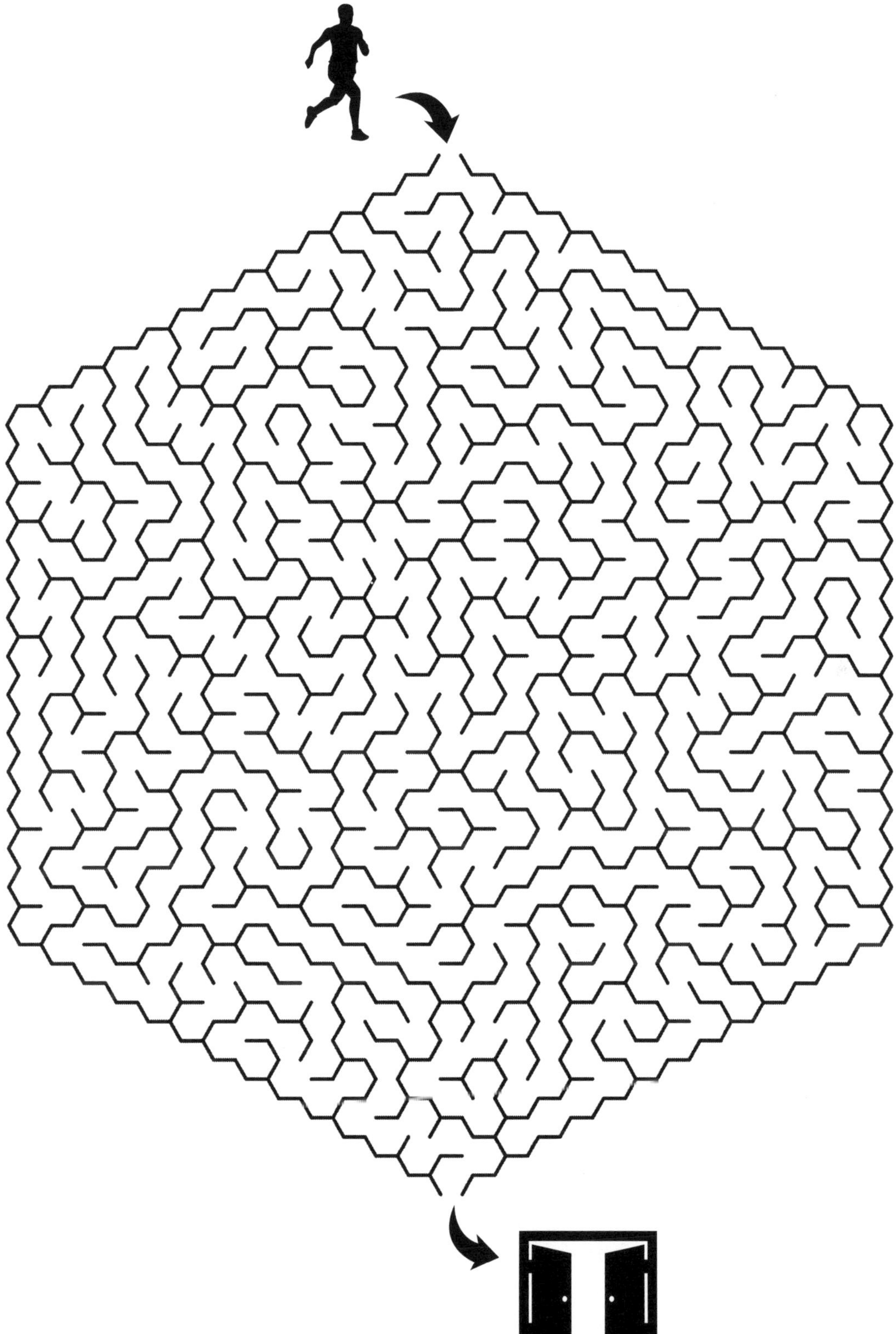

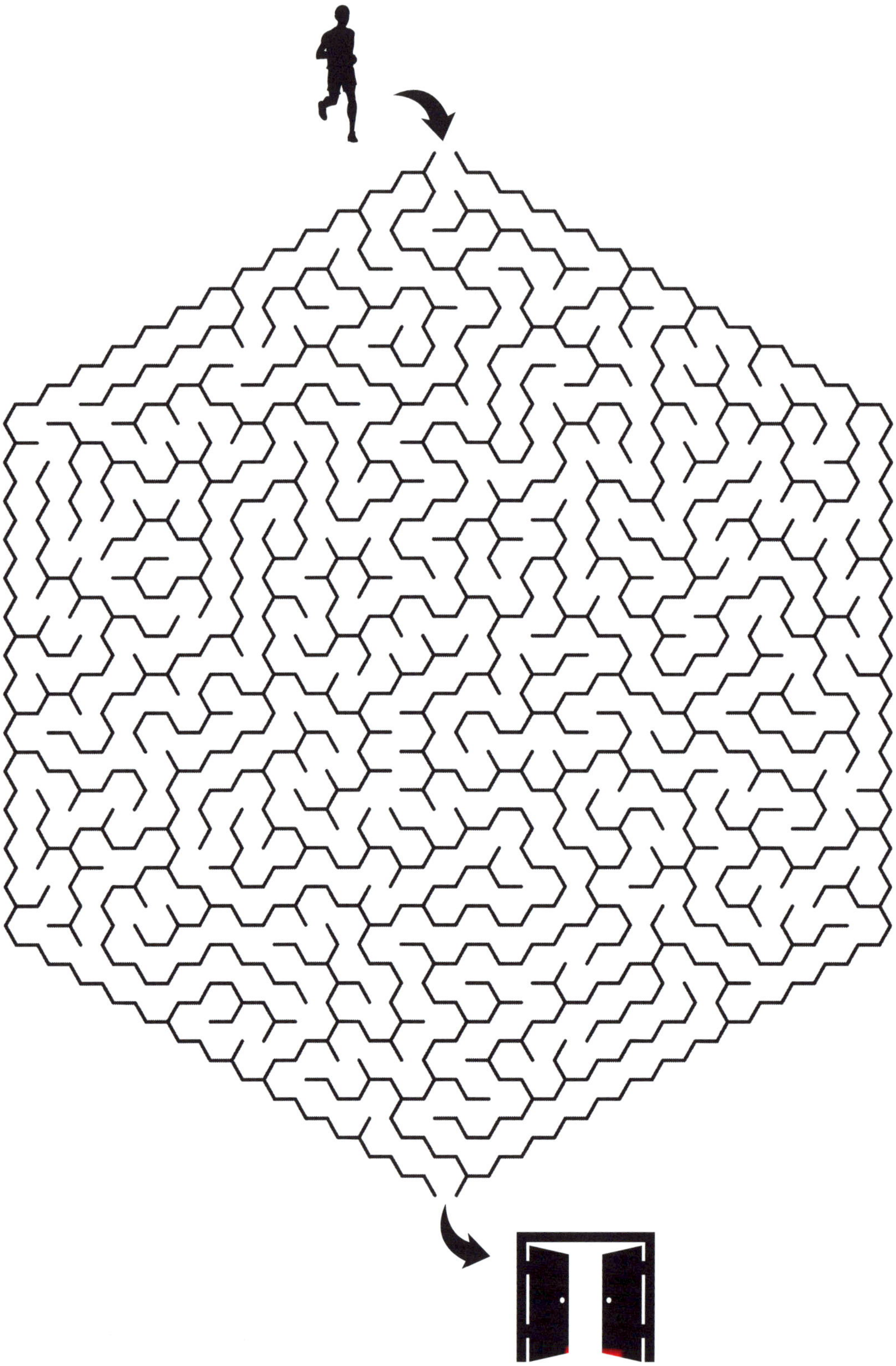

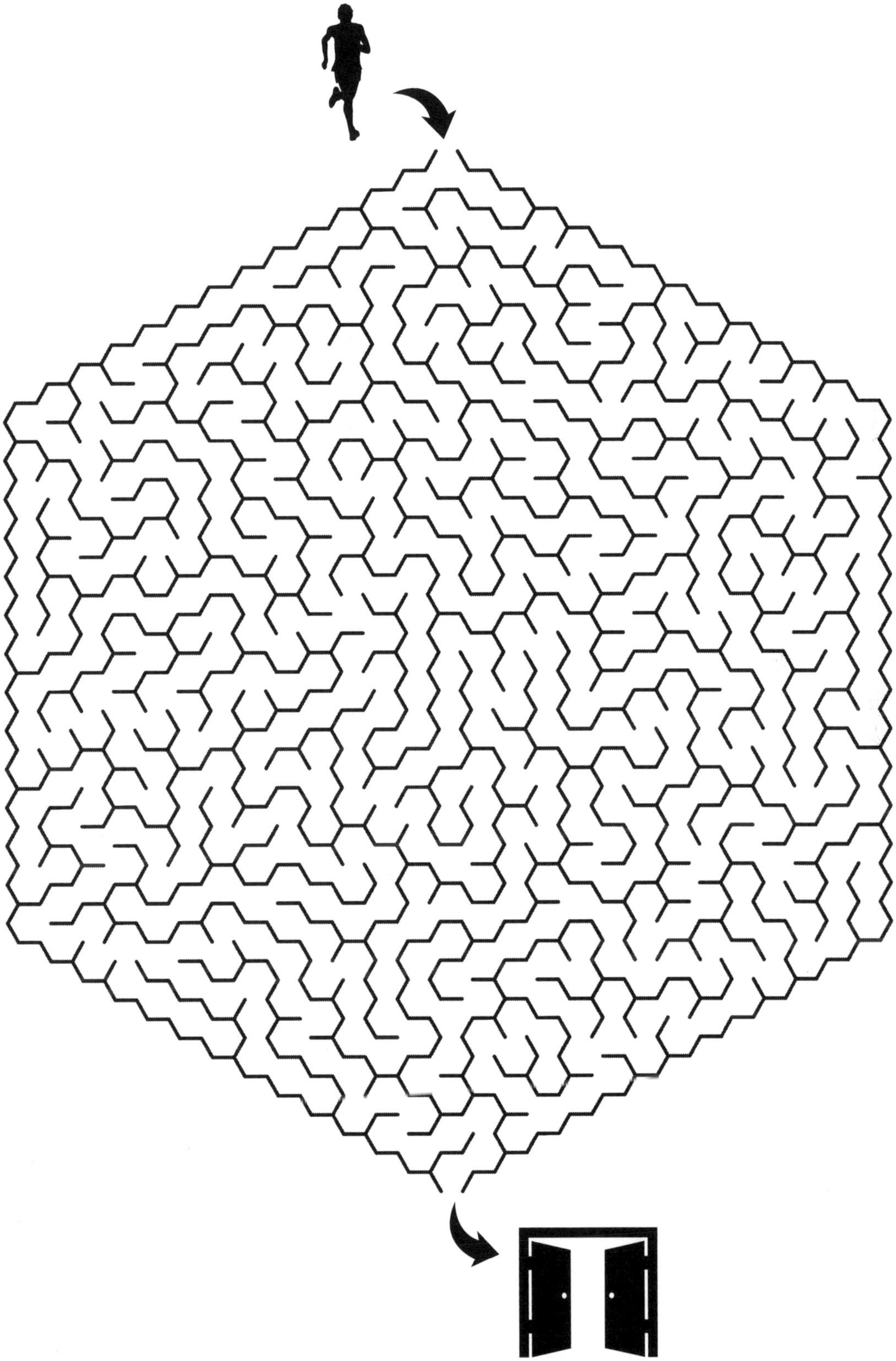

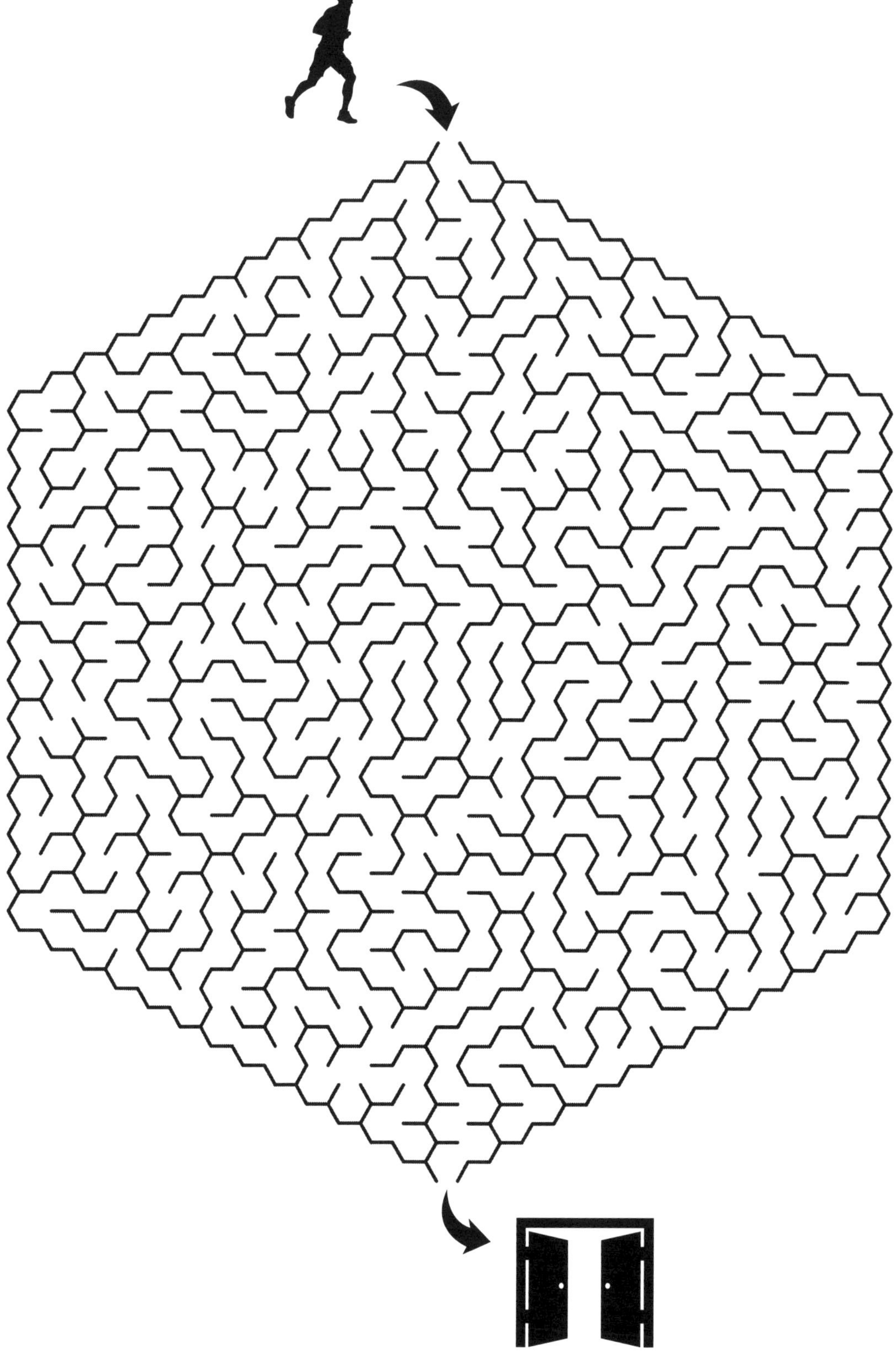

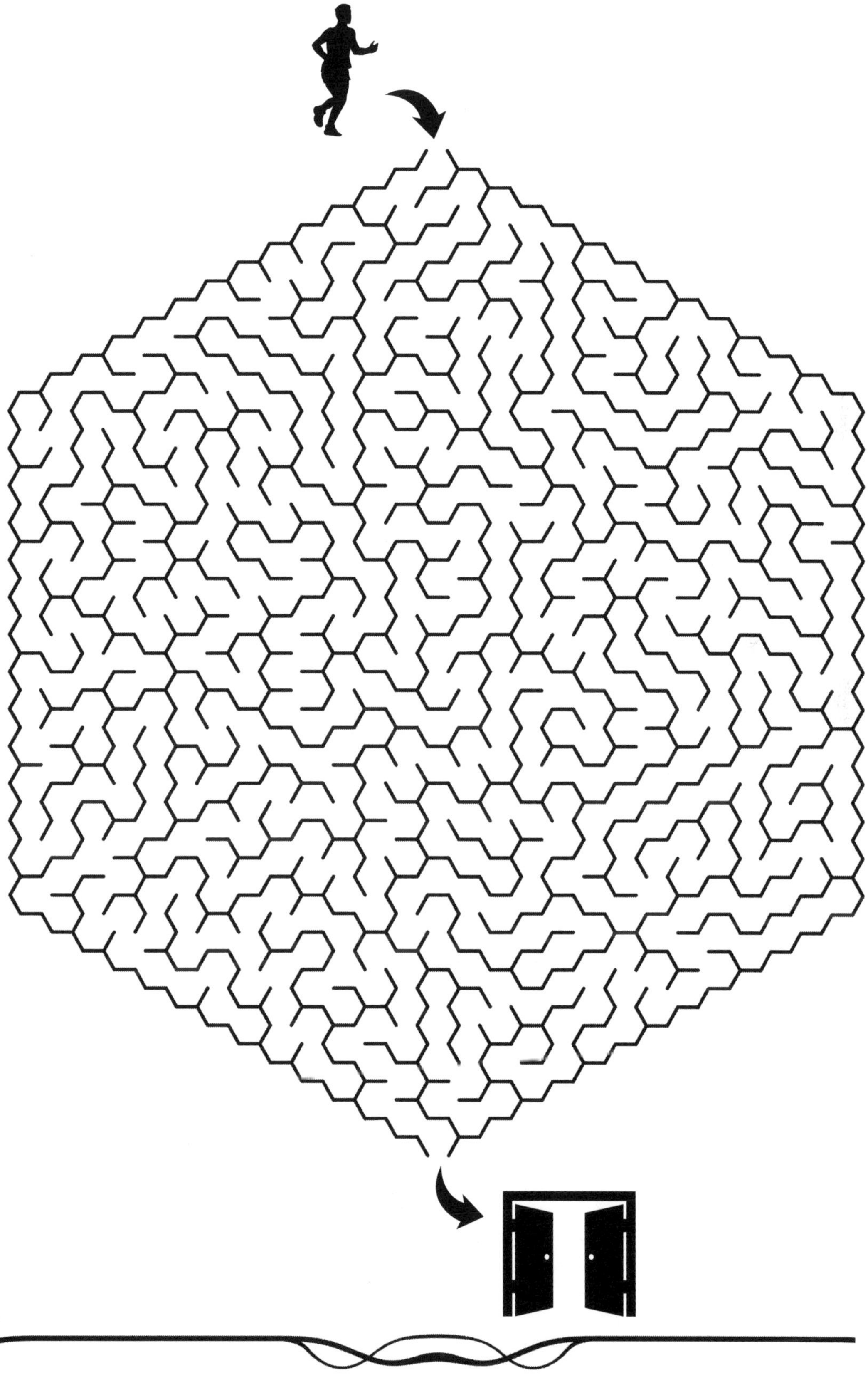

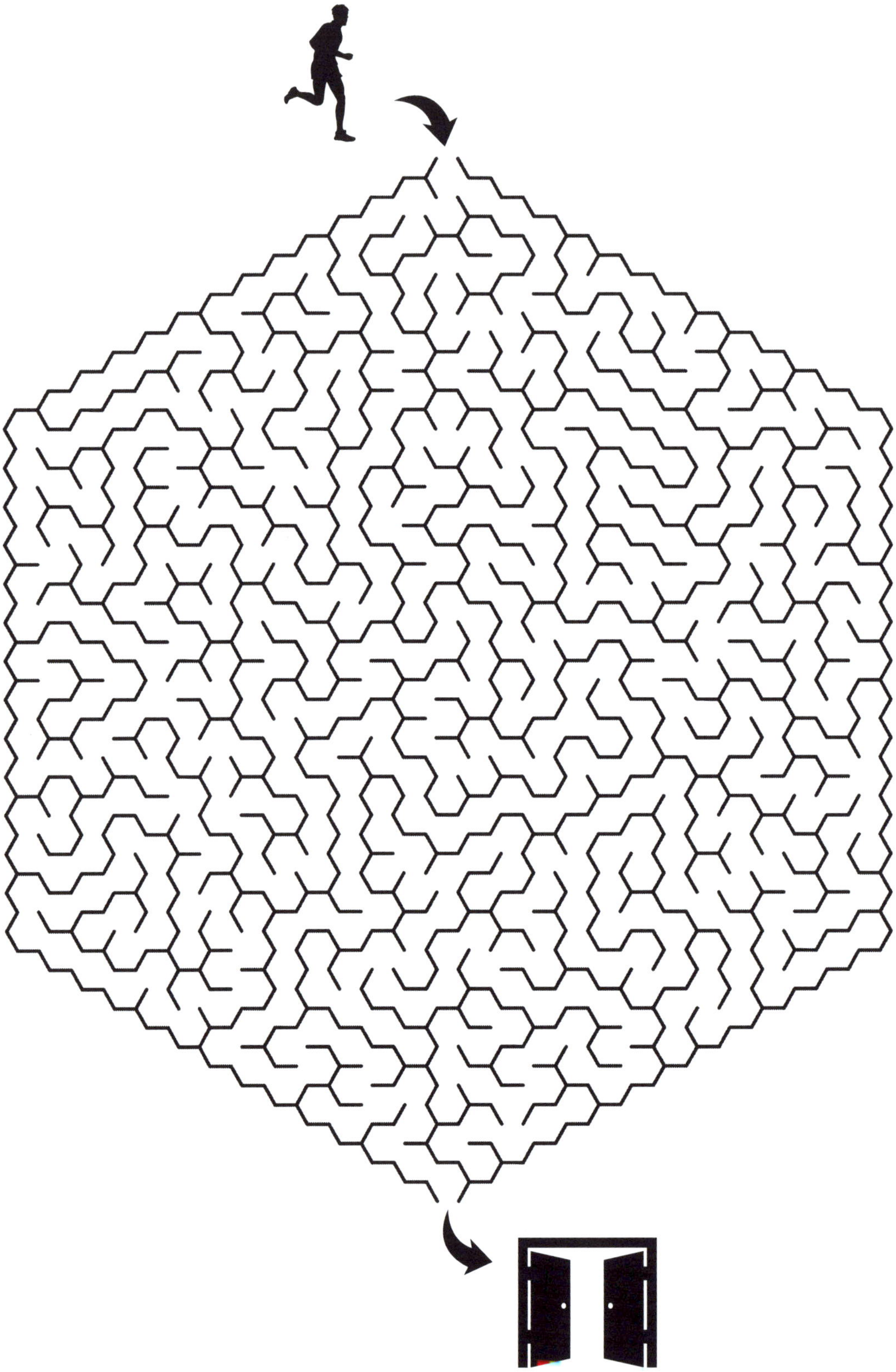

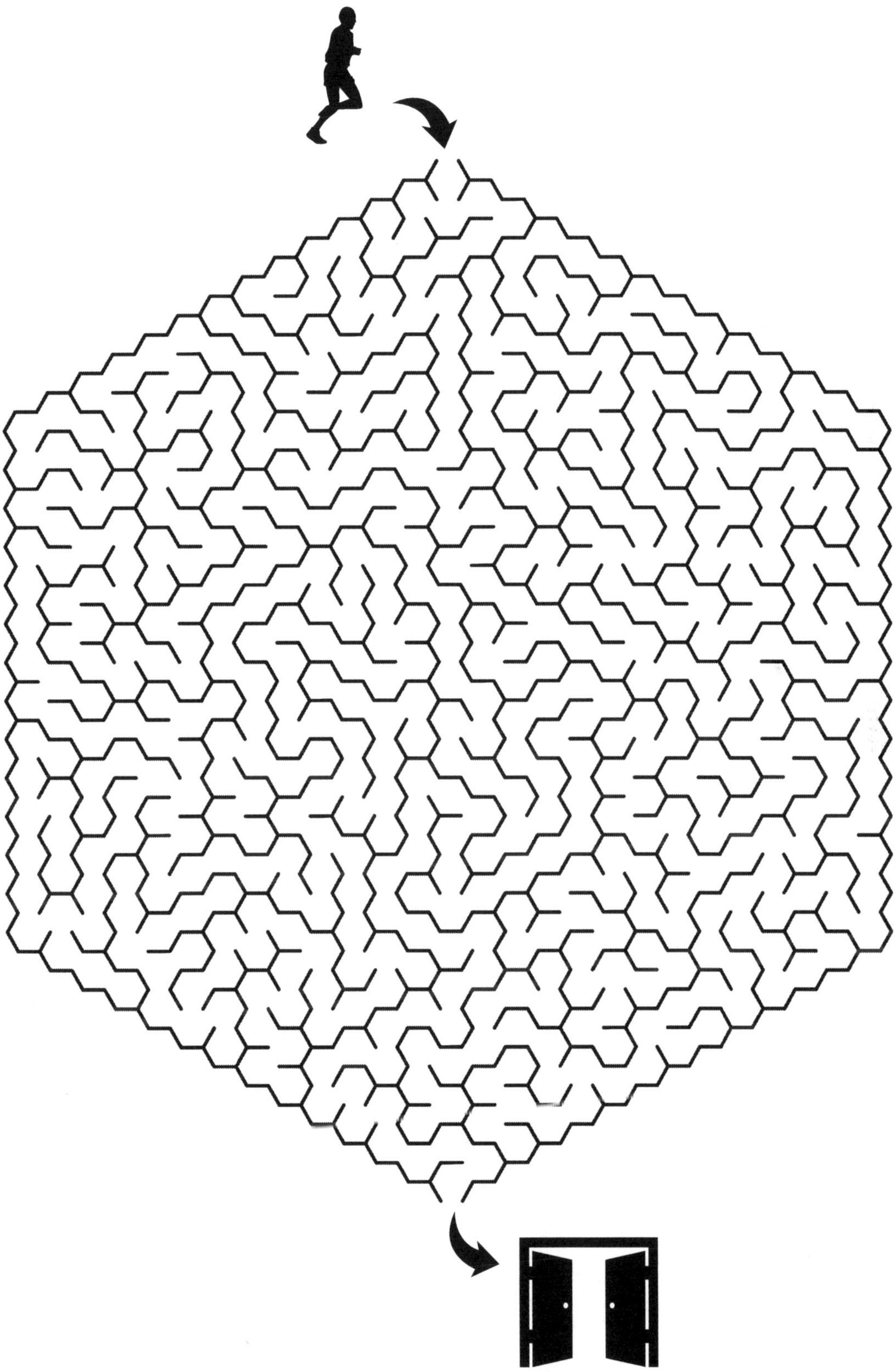

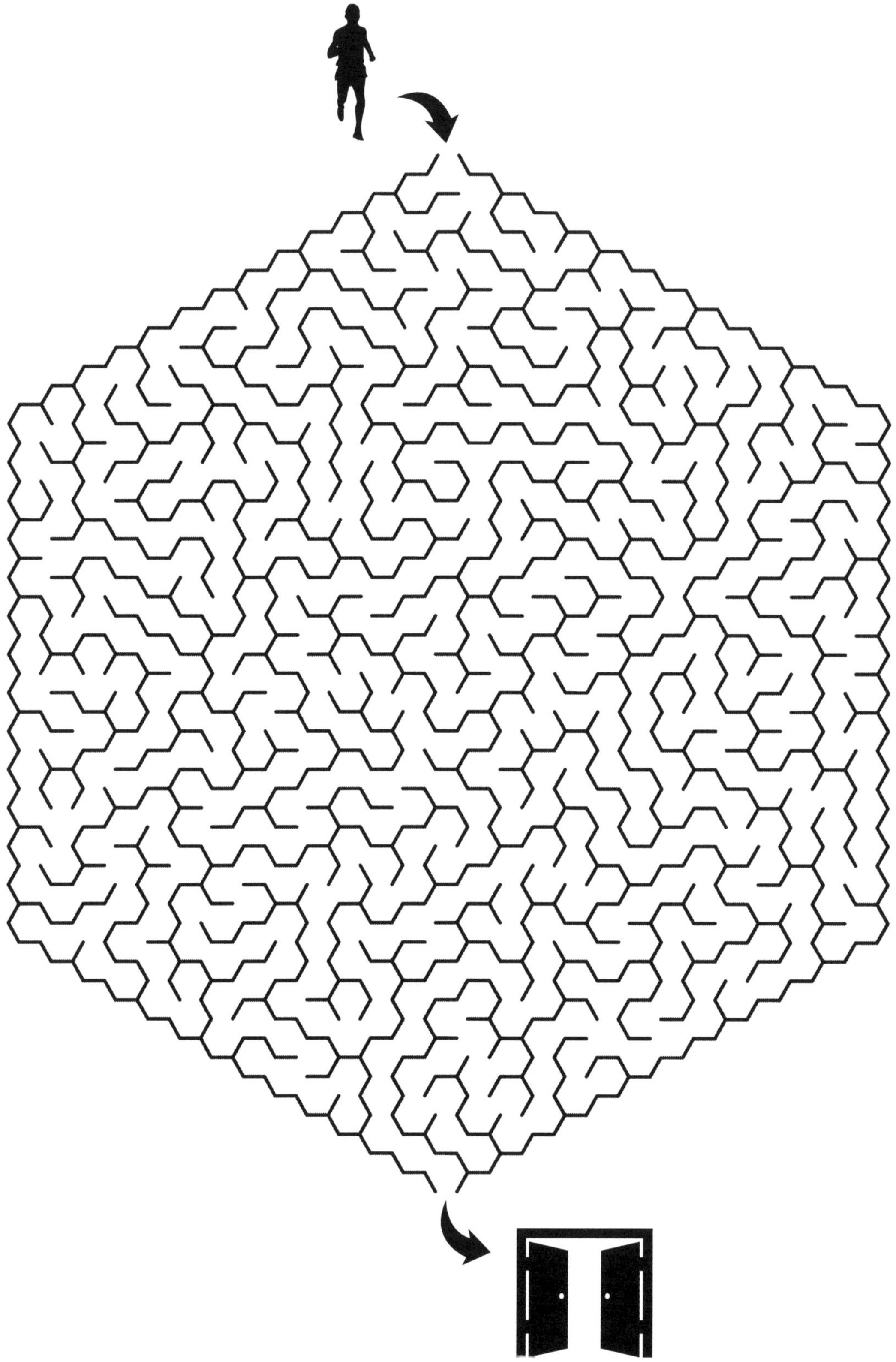

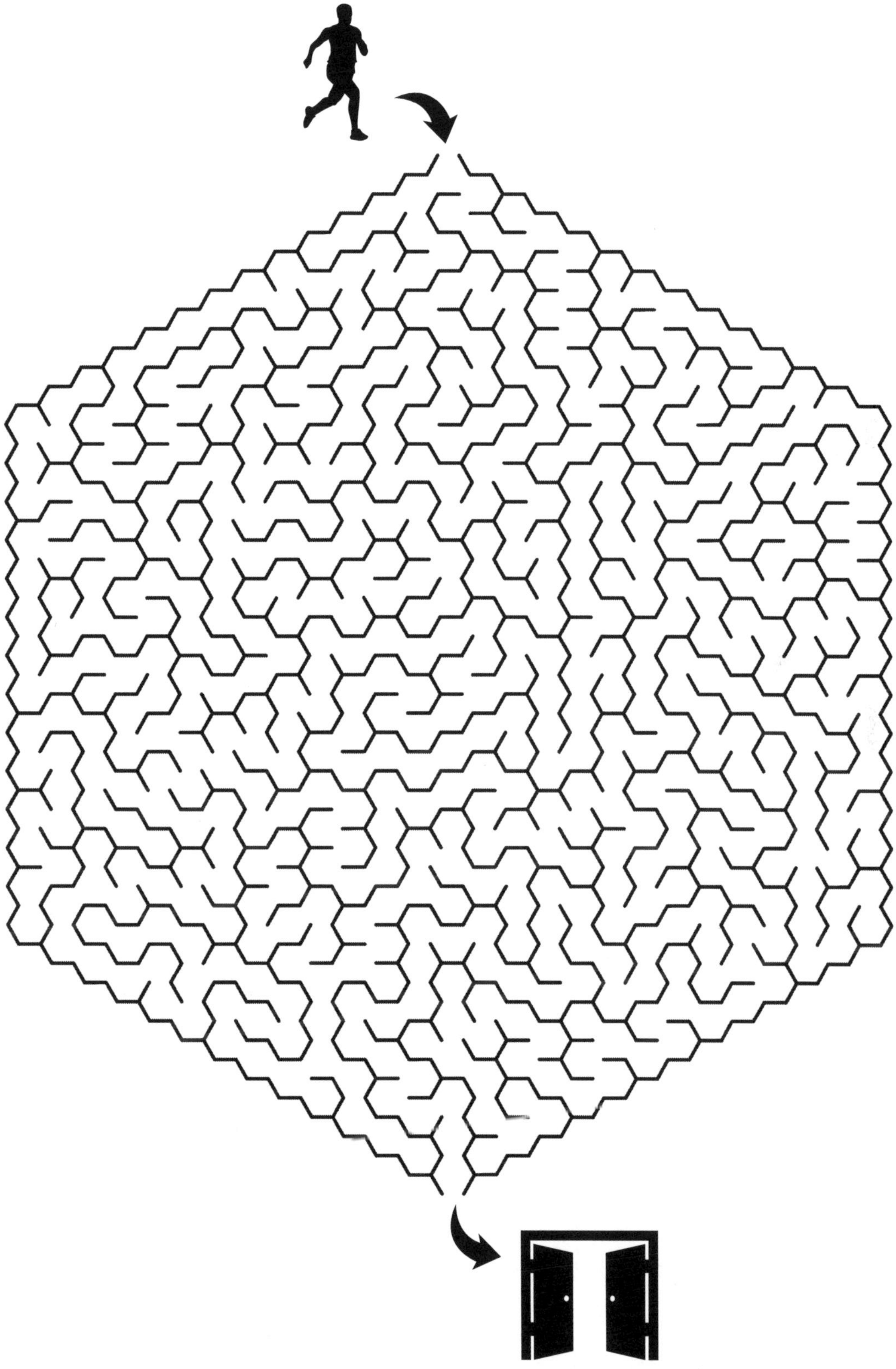

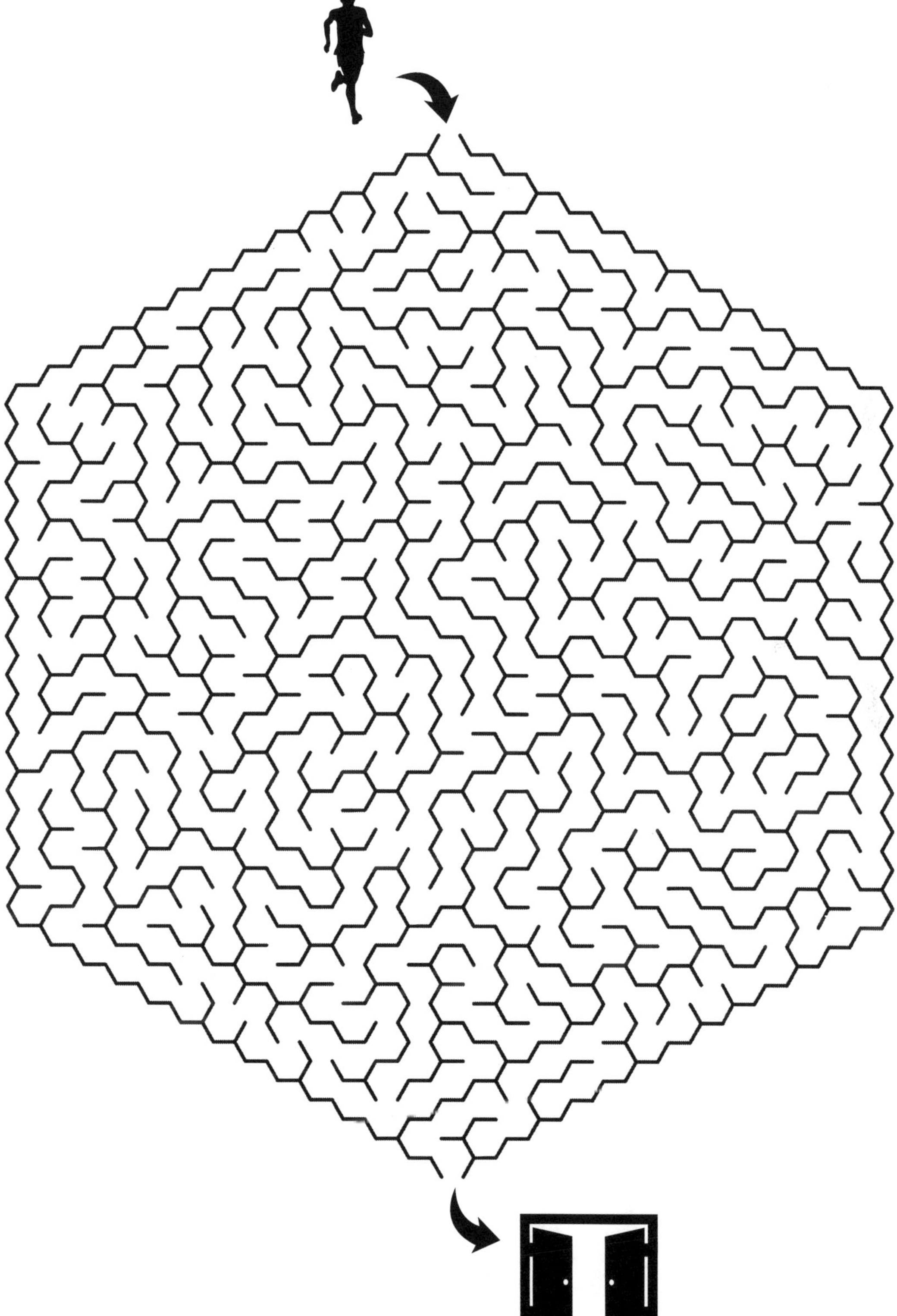

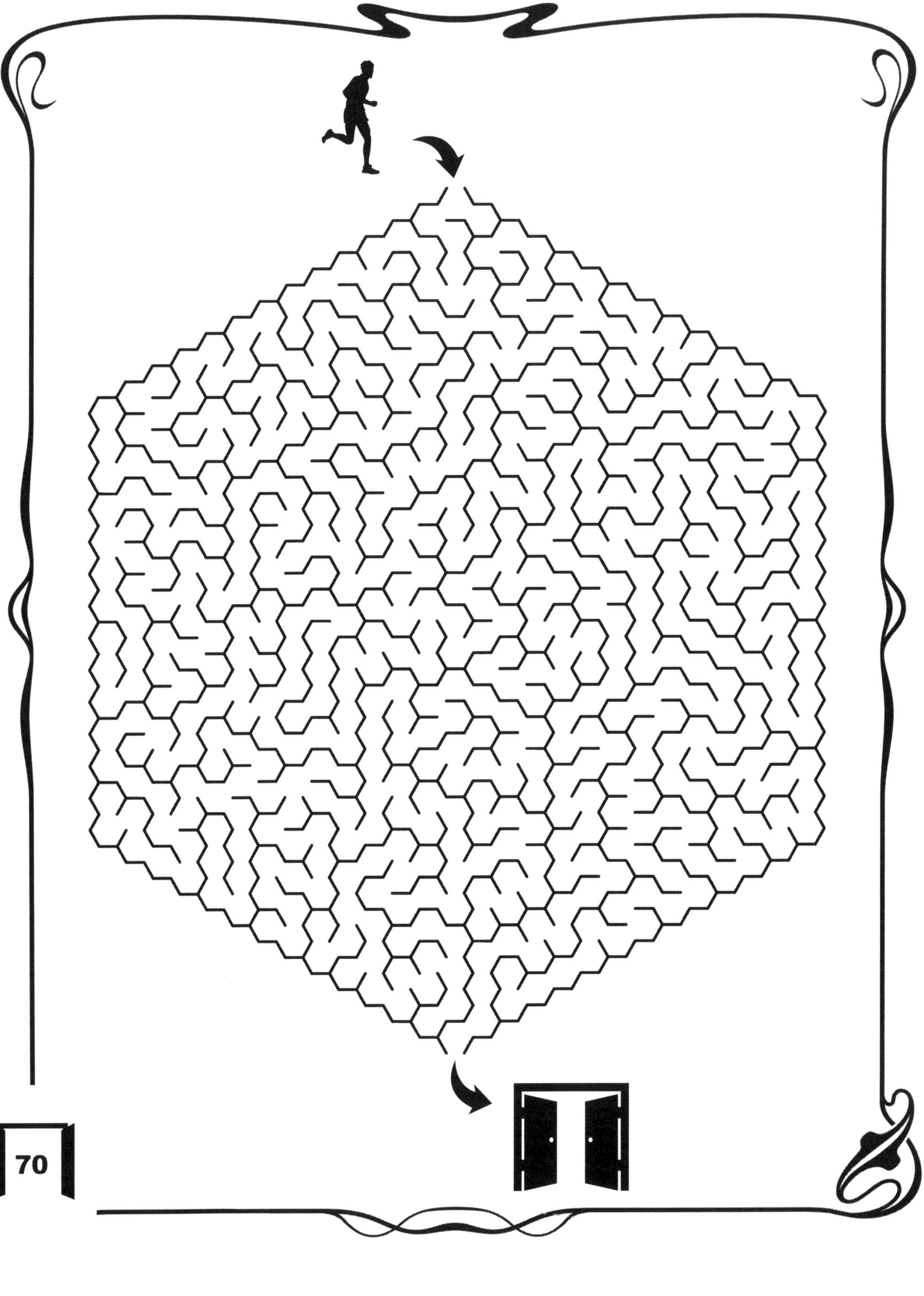

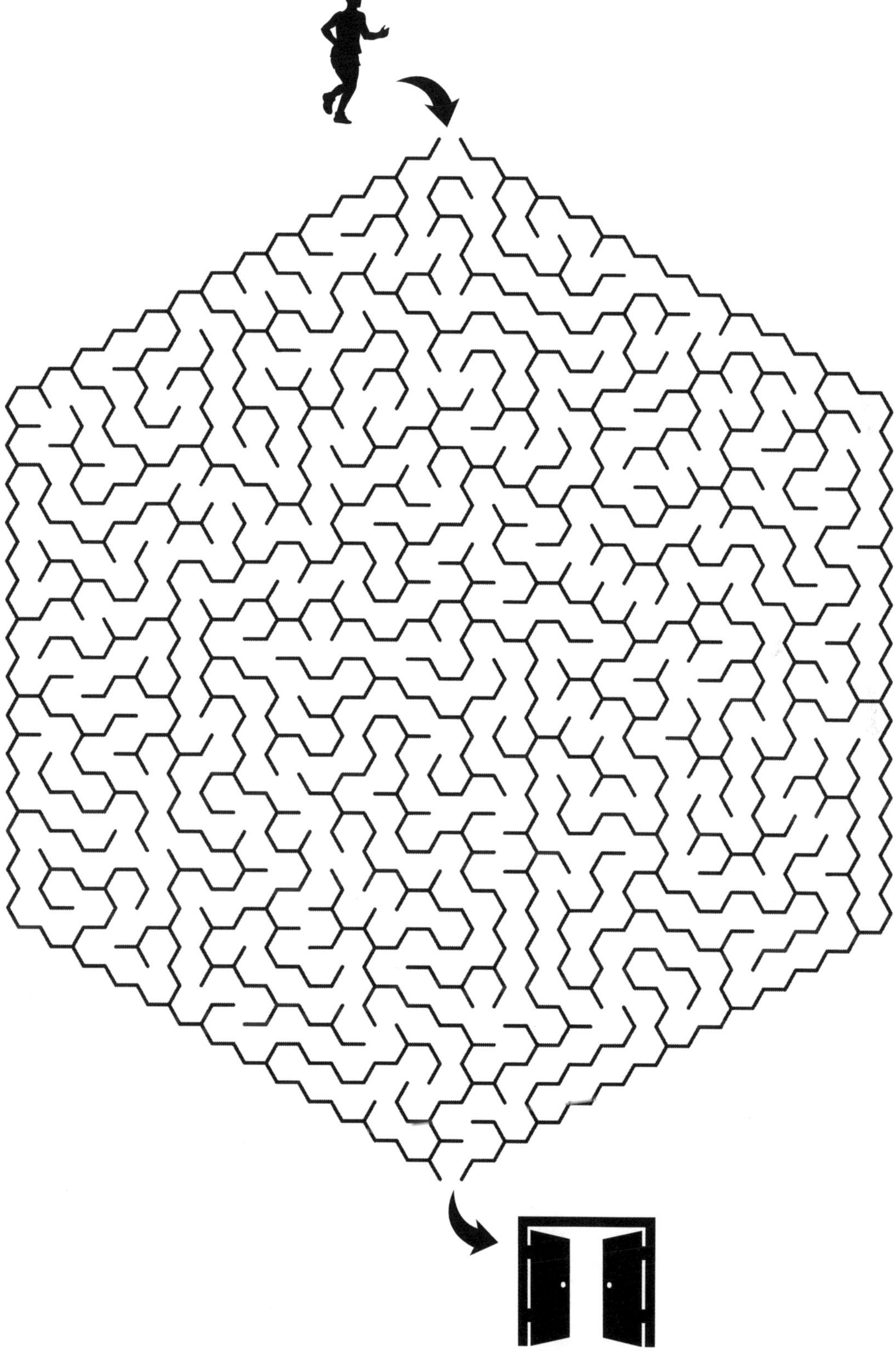

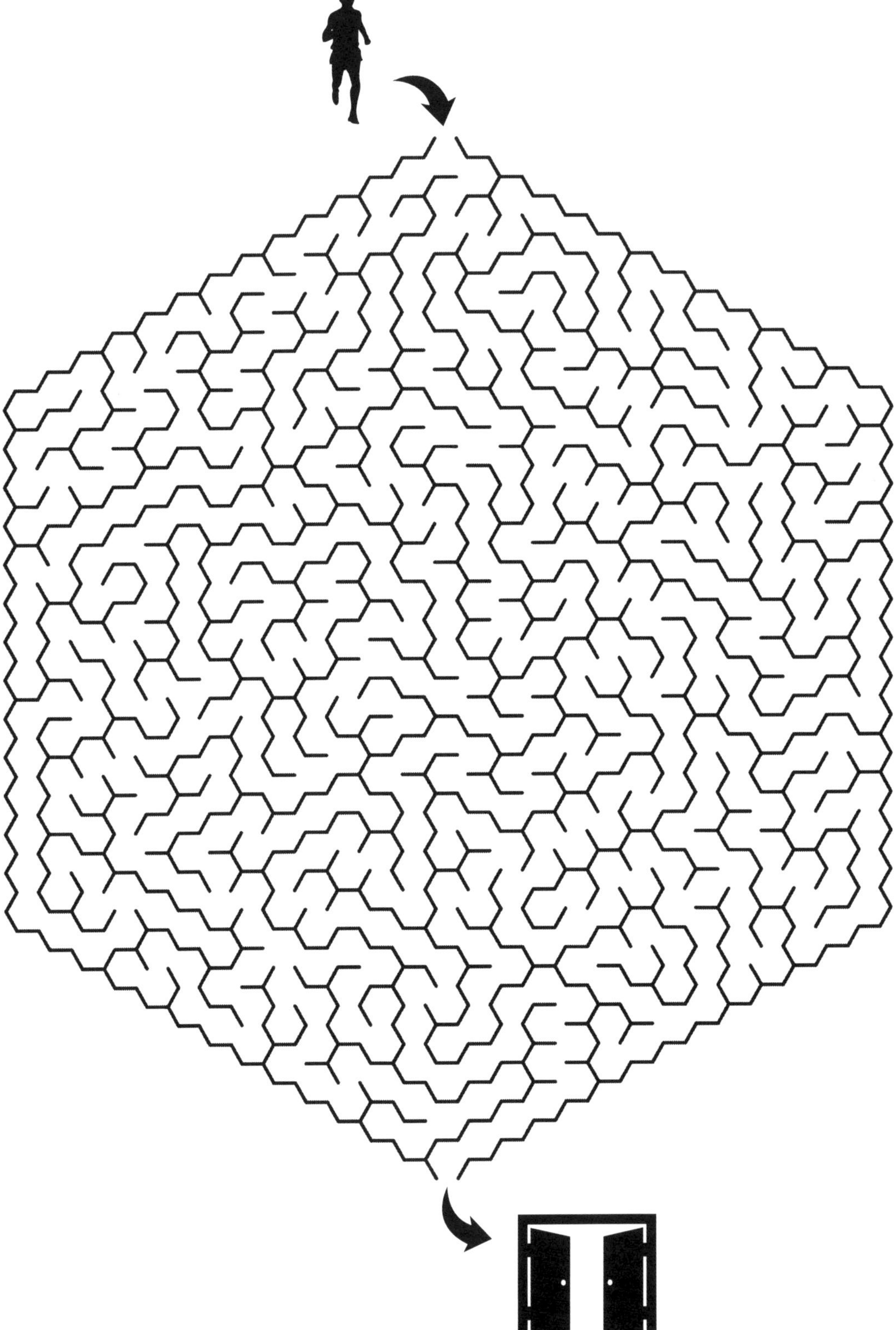

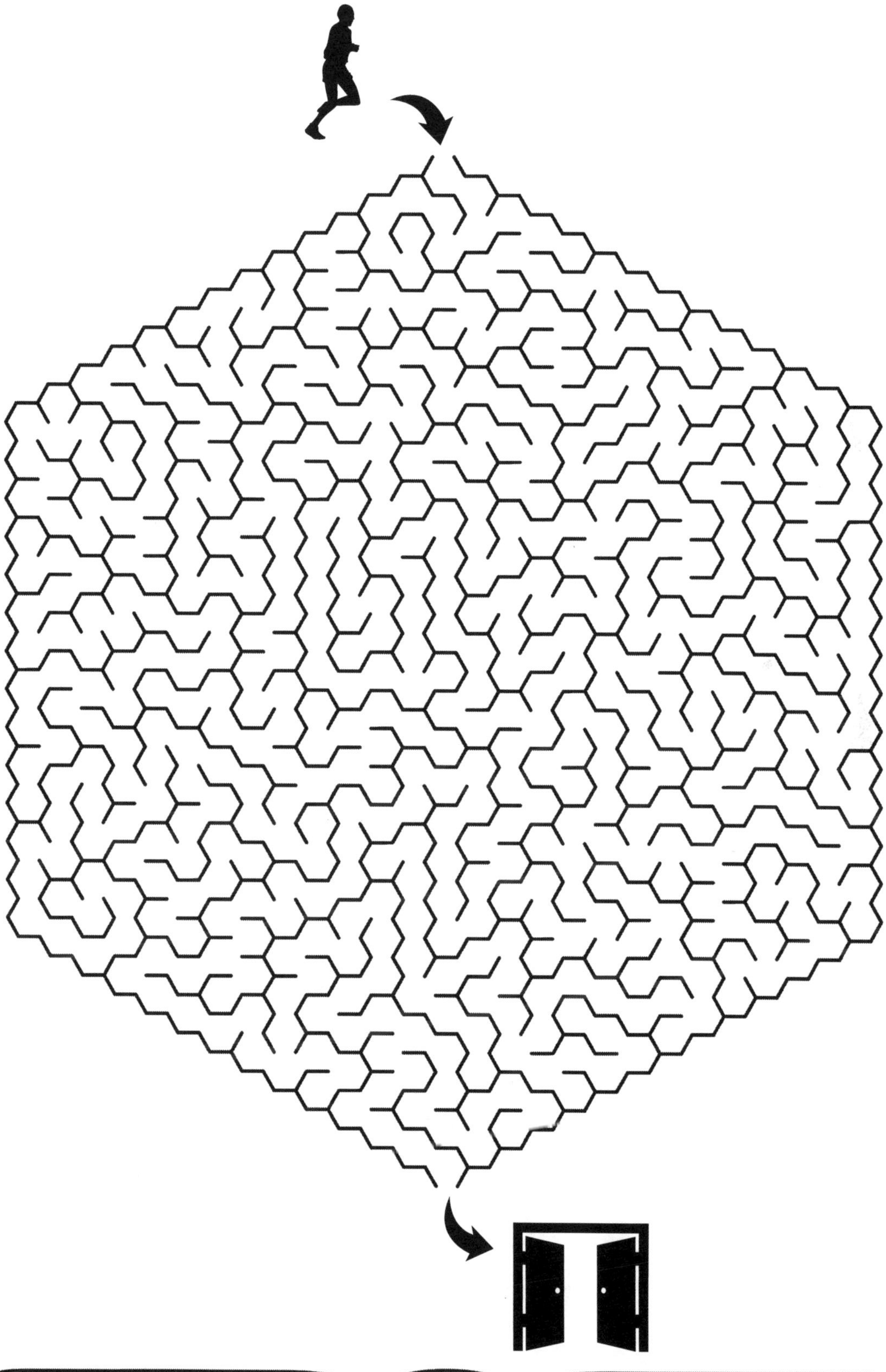

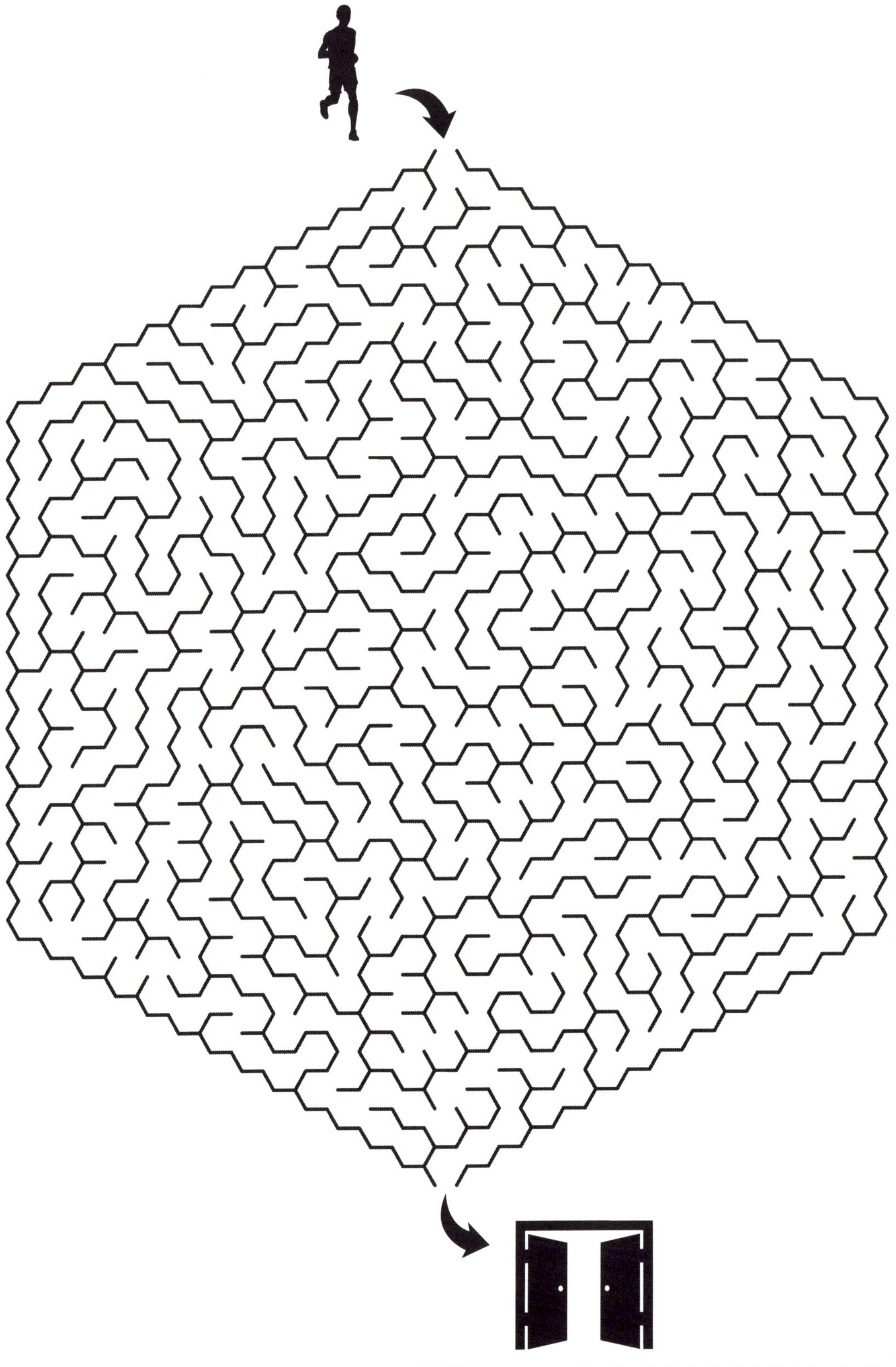

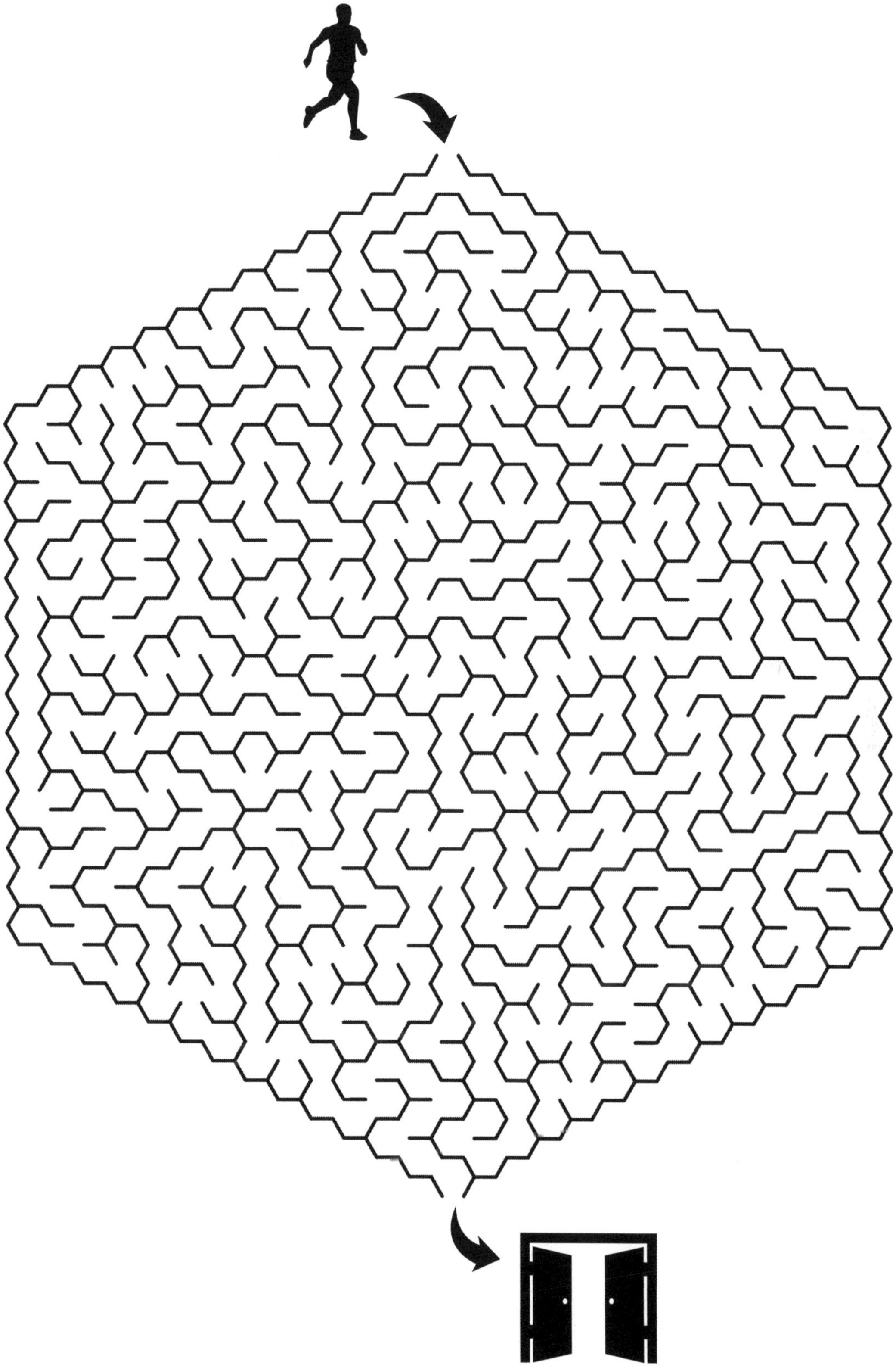

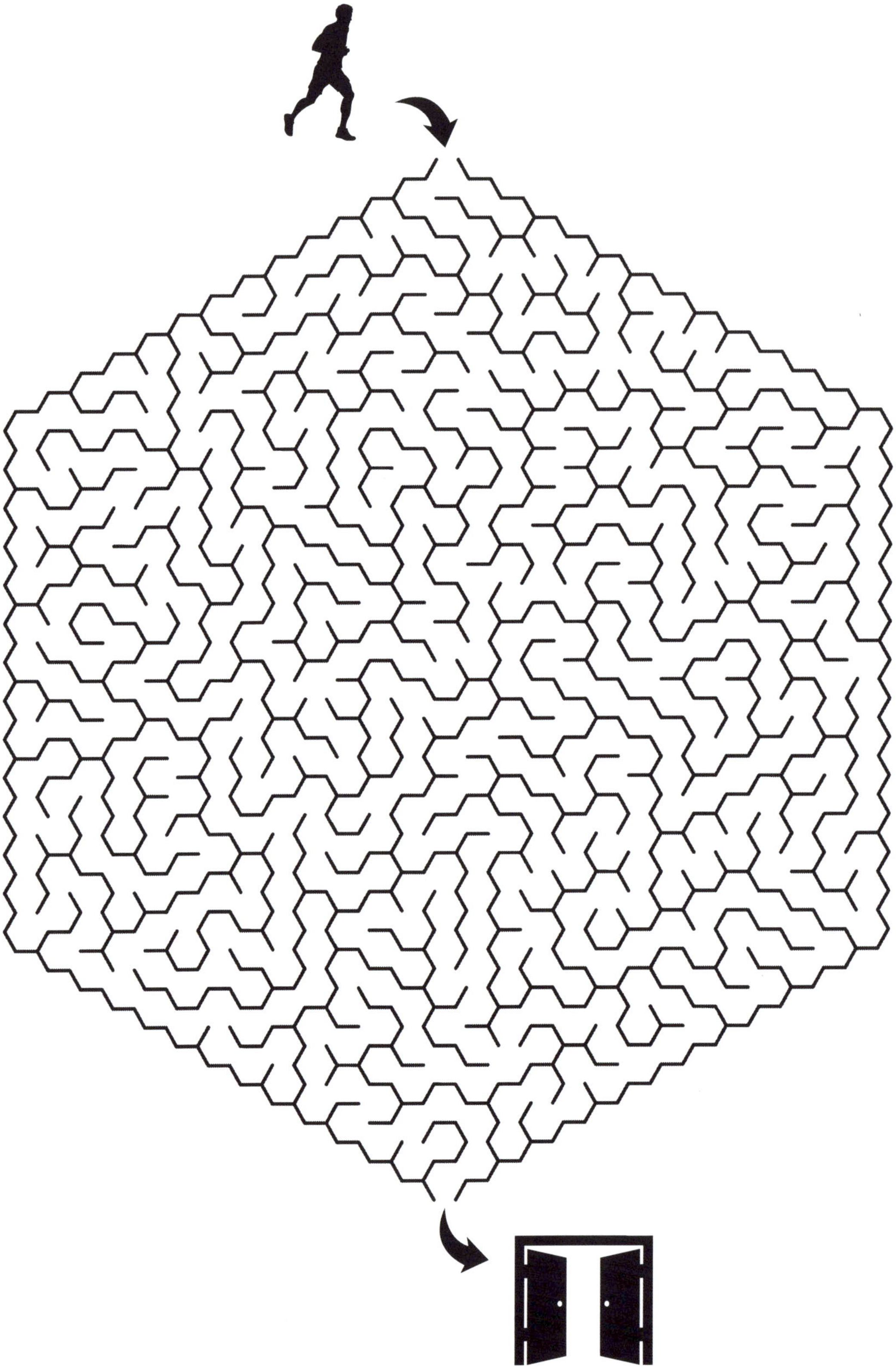

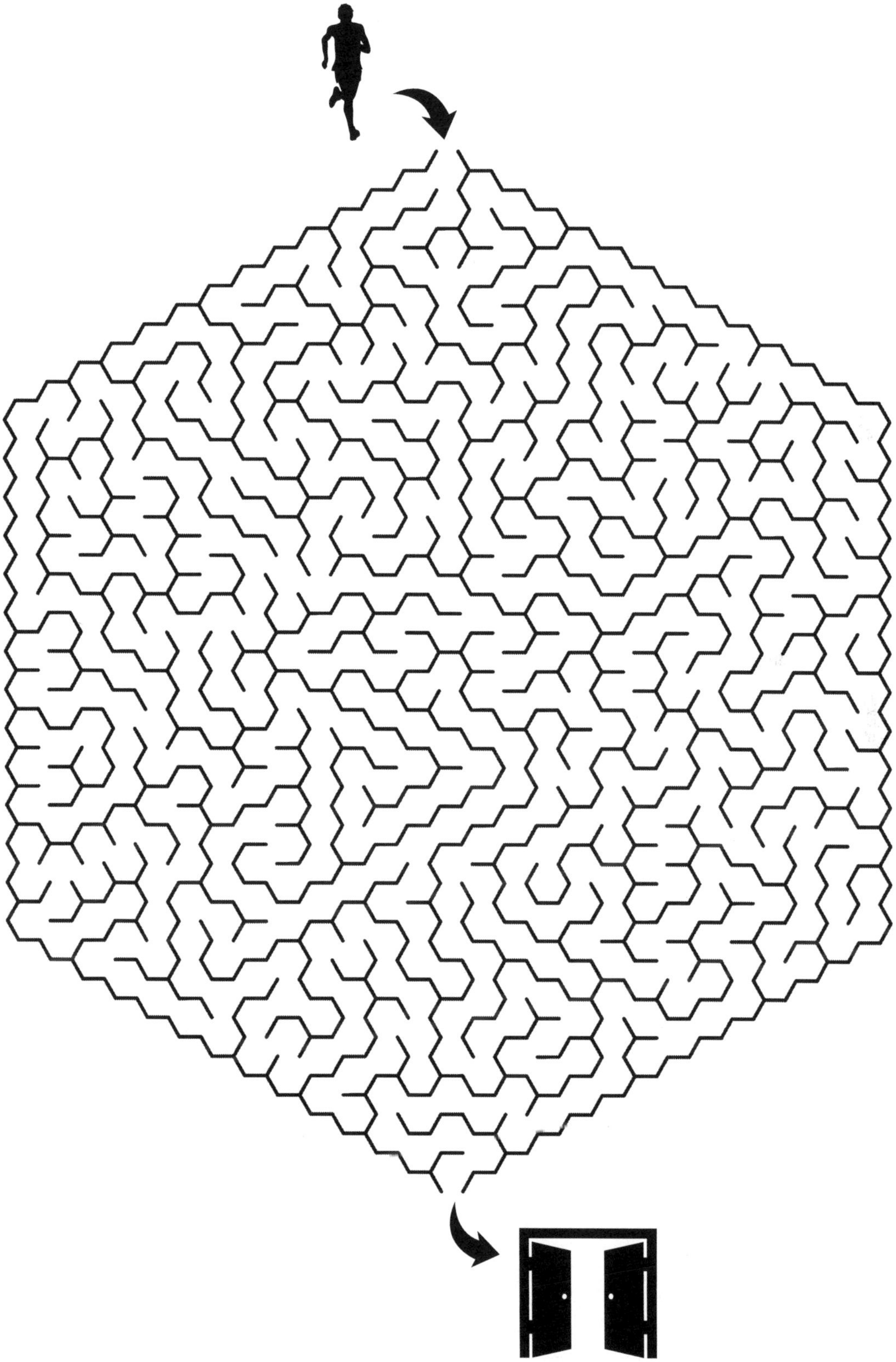

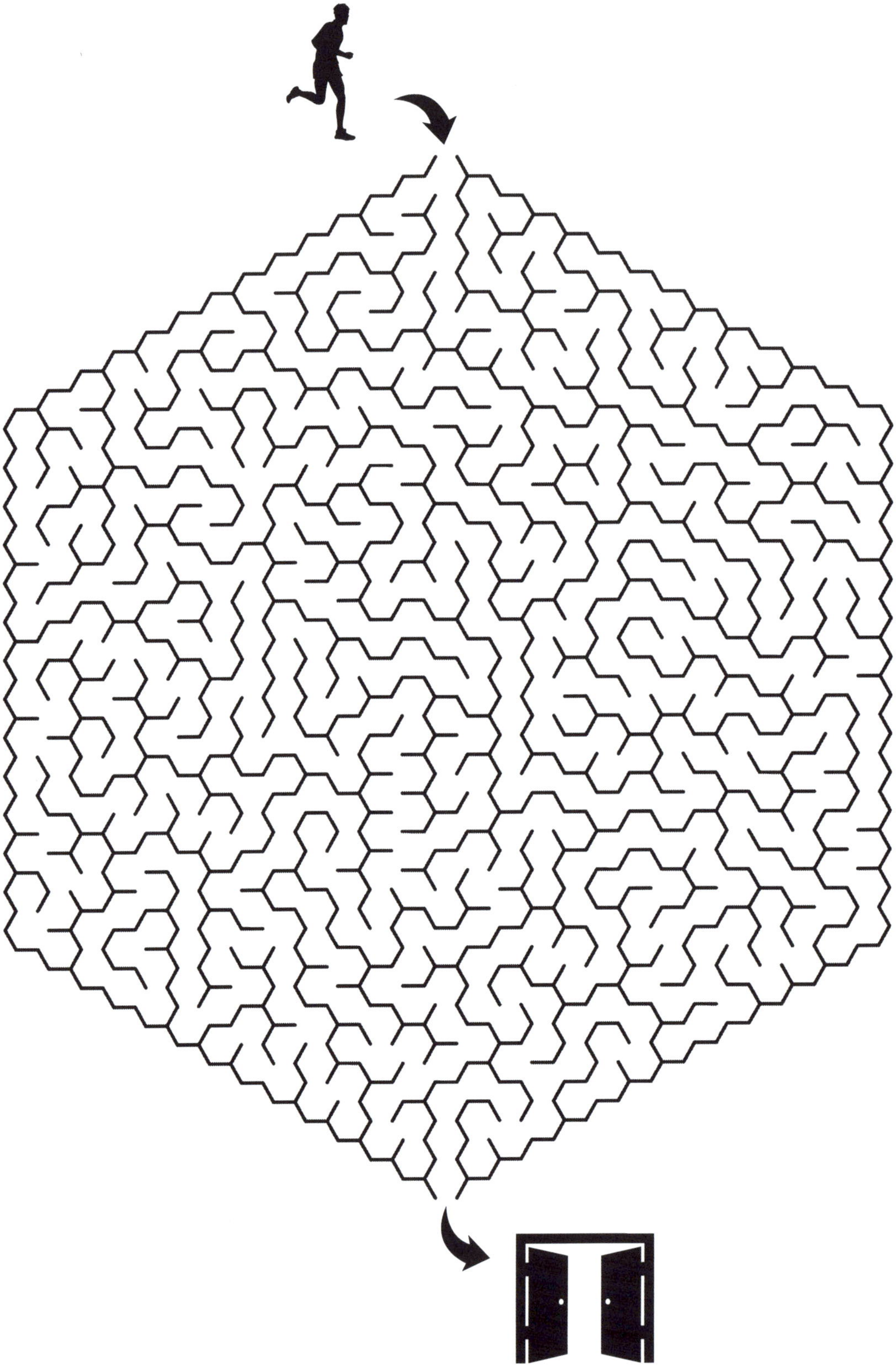

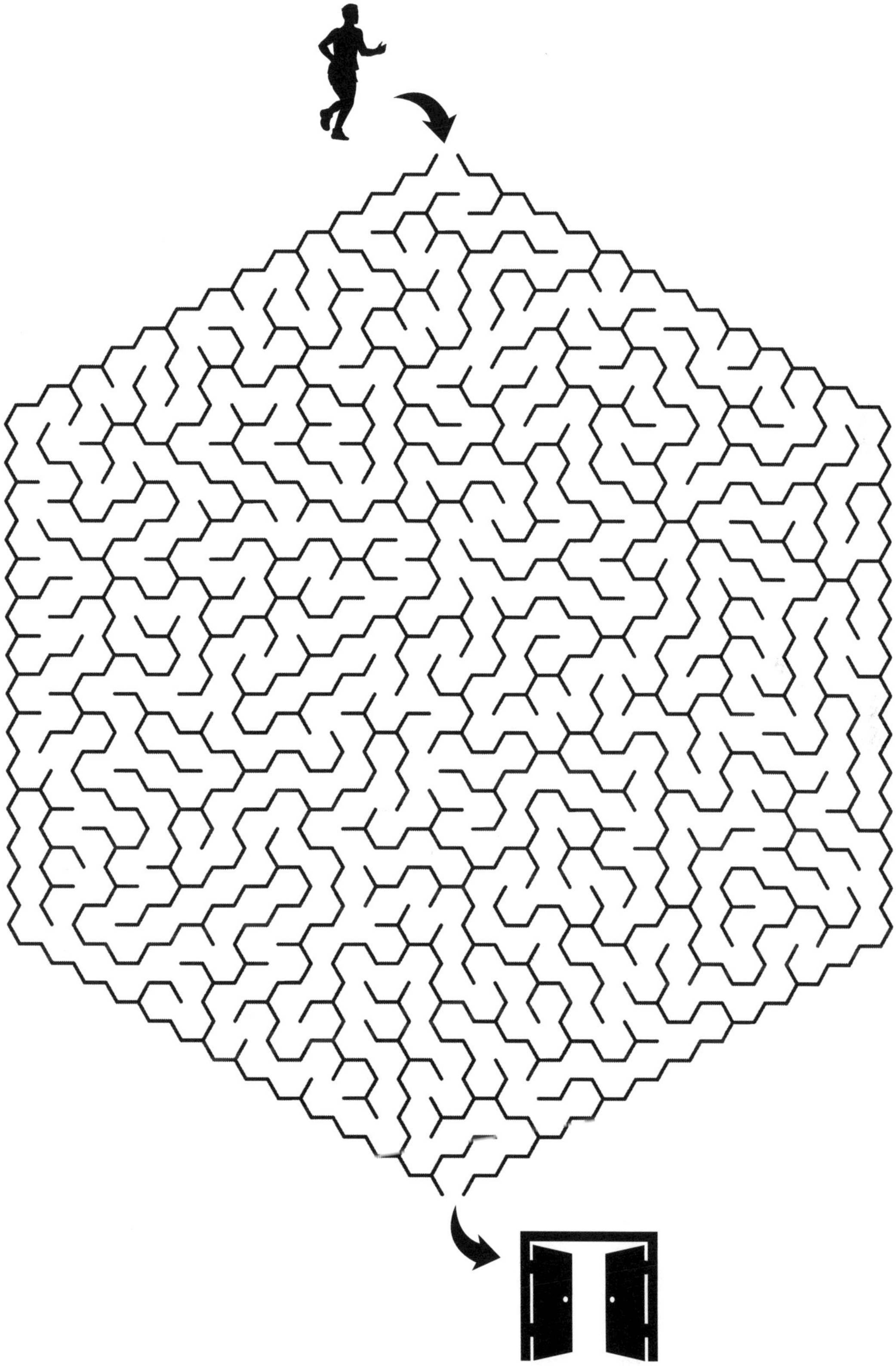

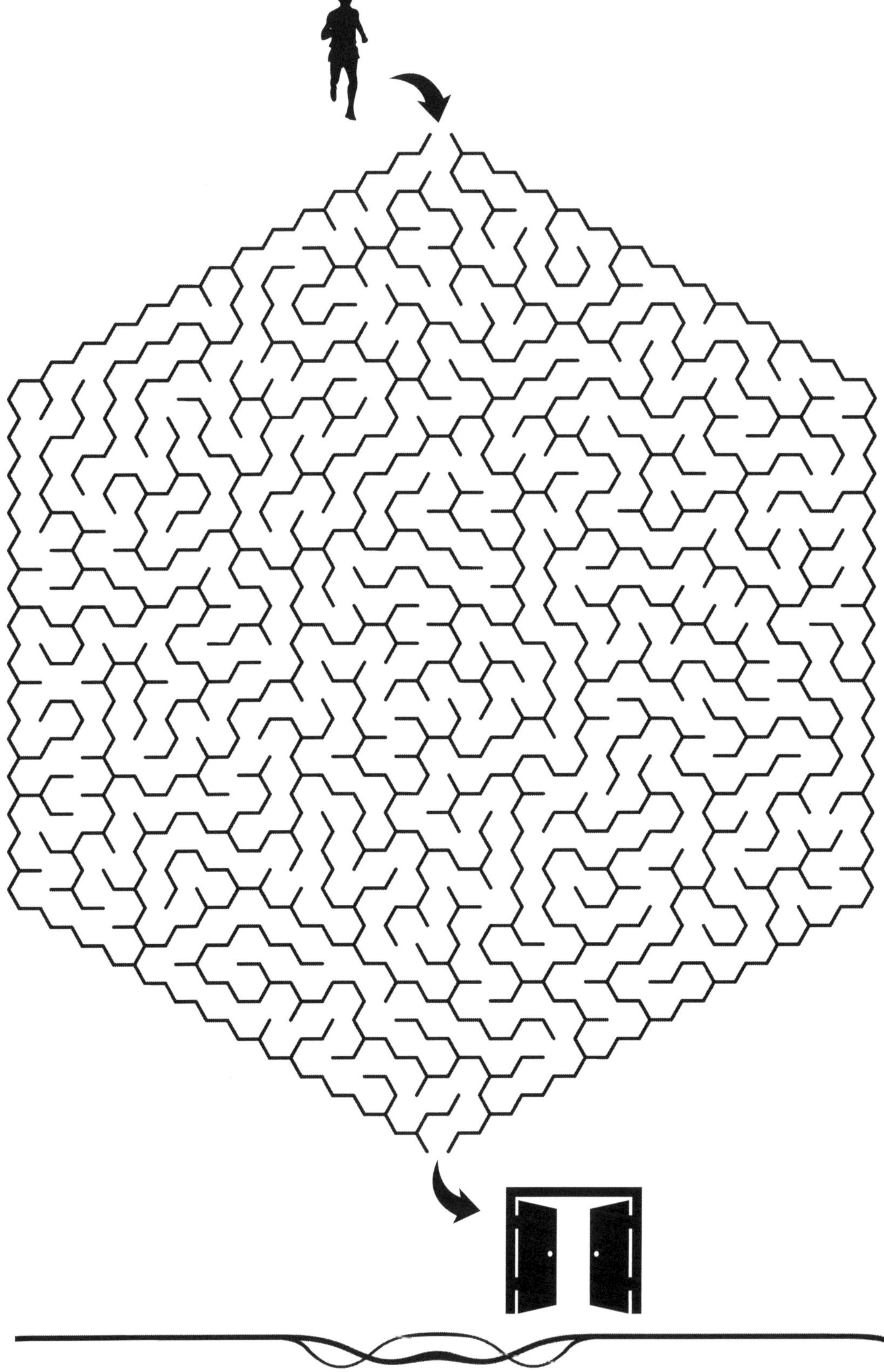

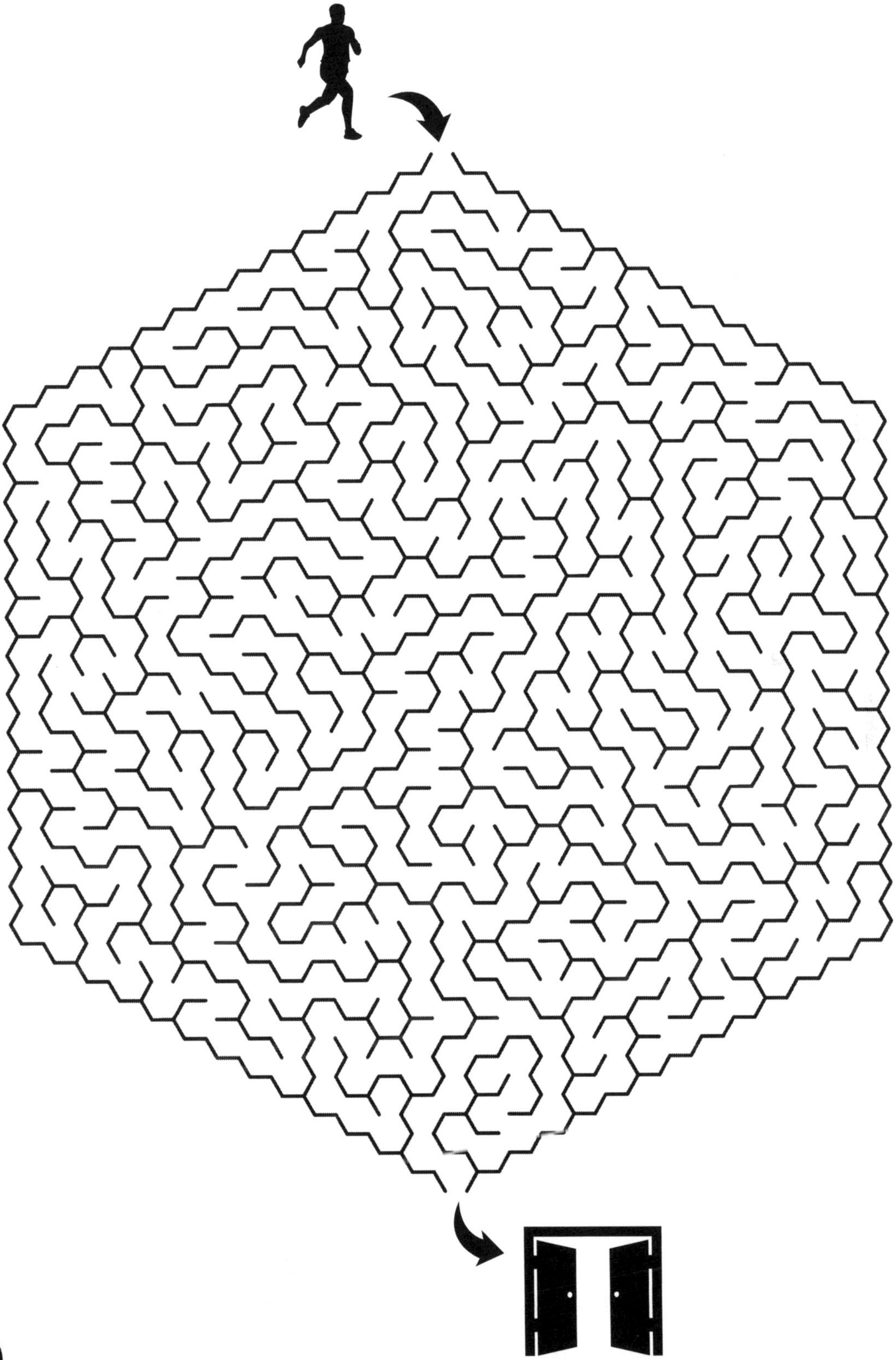

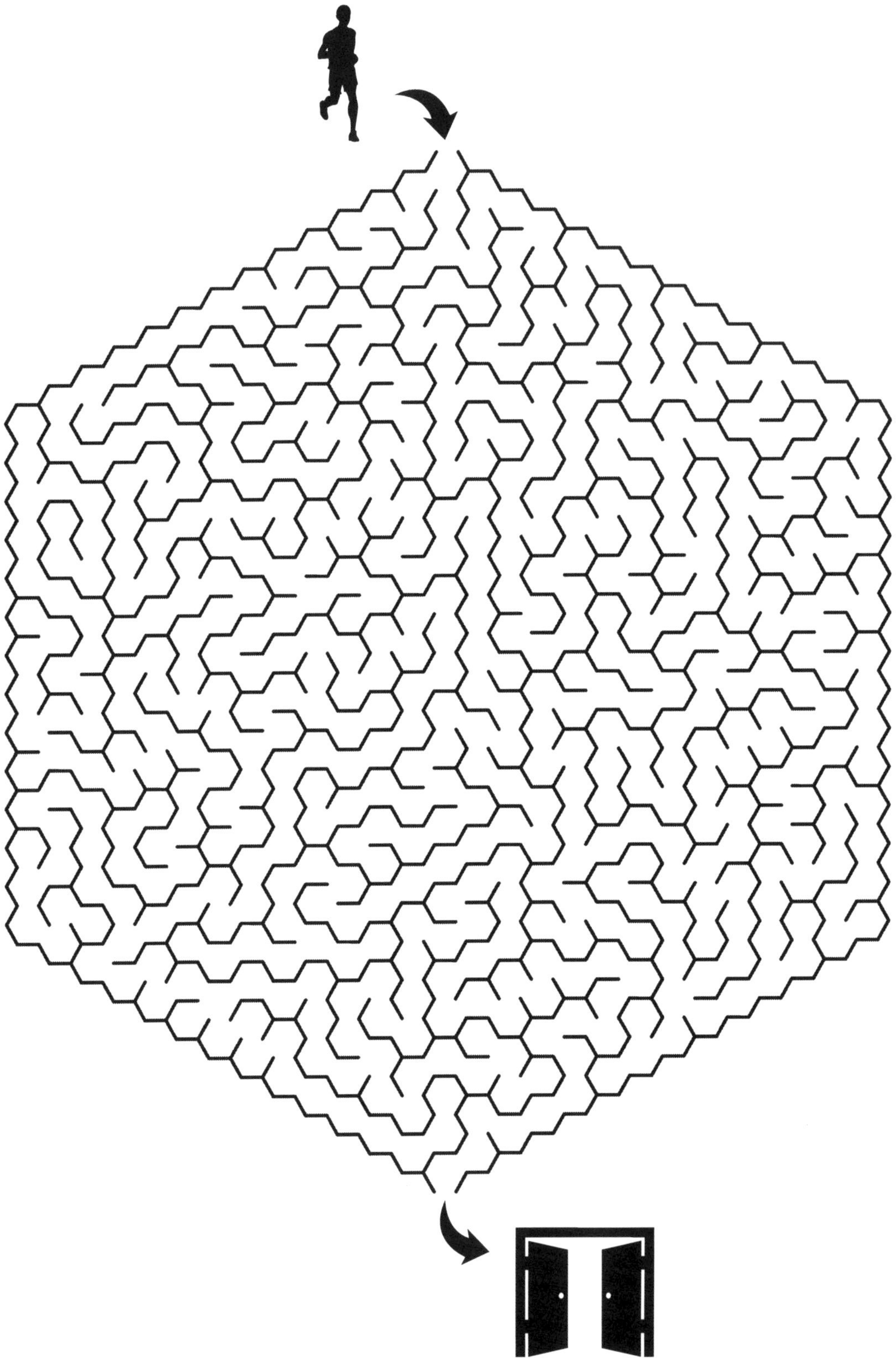

1

2

3

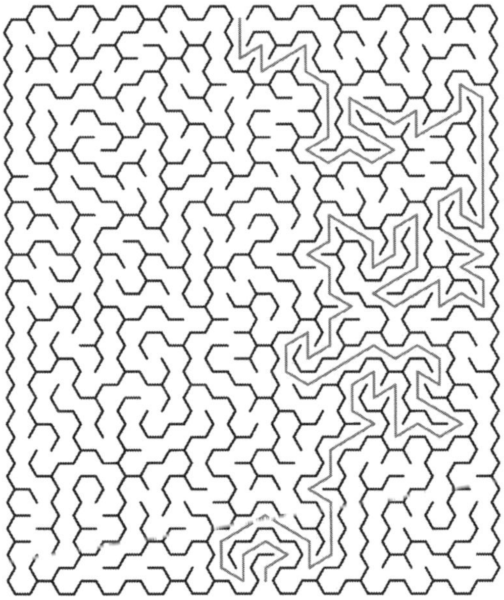

4

5

6

7

8

9

10

11

12

13

14

15

16

17

18

19

20

21

22

23

24

25

26

27

28

29

30

31

32

33

34

35

36

37

38

39

40

41

42

43

44

45

46

47

48

49

50

51

52

53

54

55

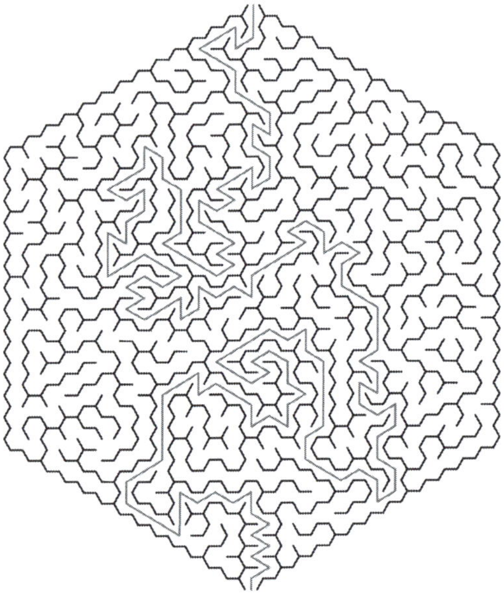

56

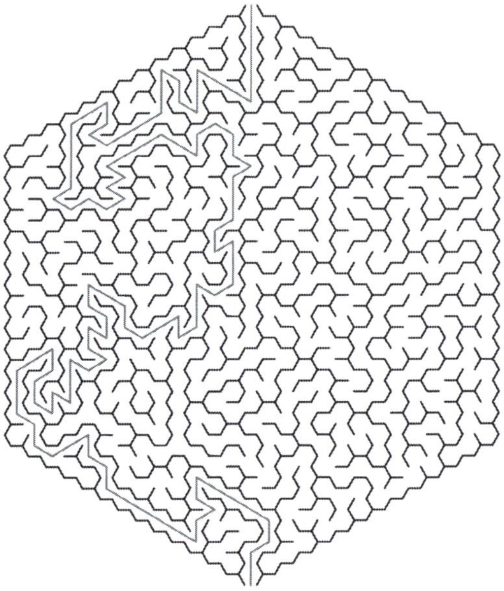

57

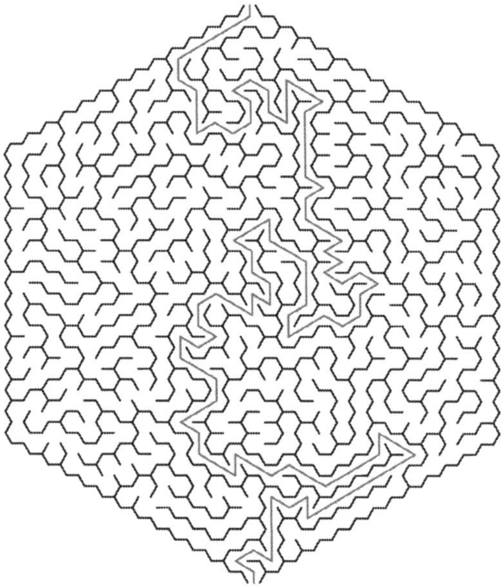

58

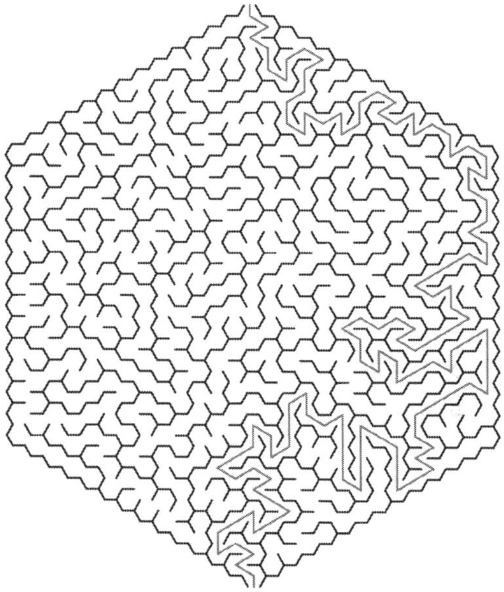

59

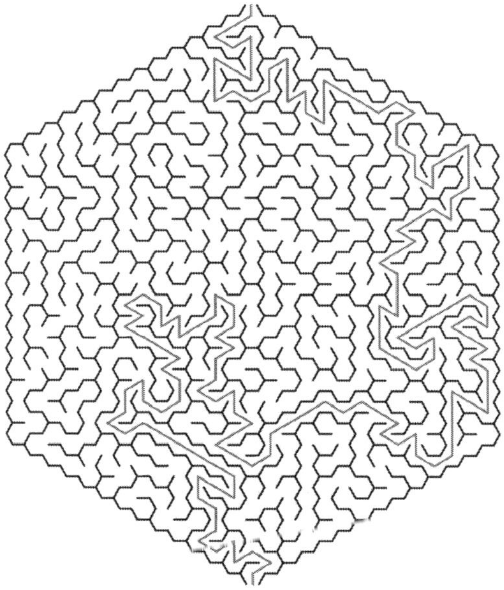

60

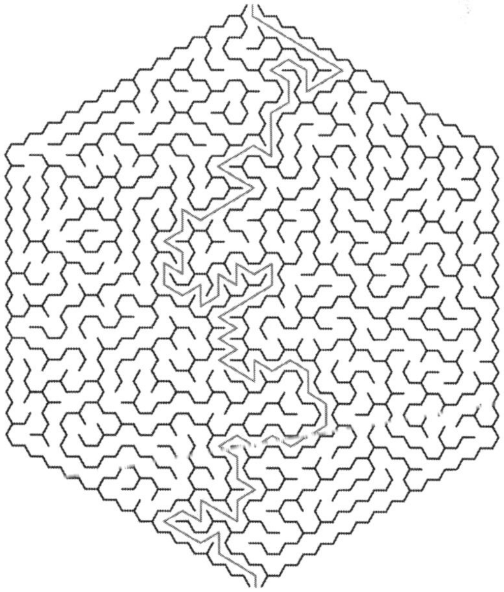

61

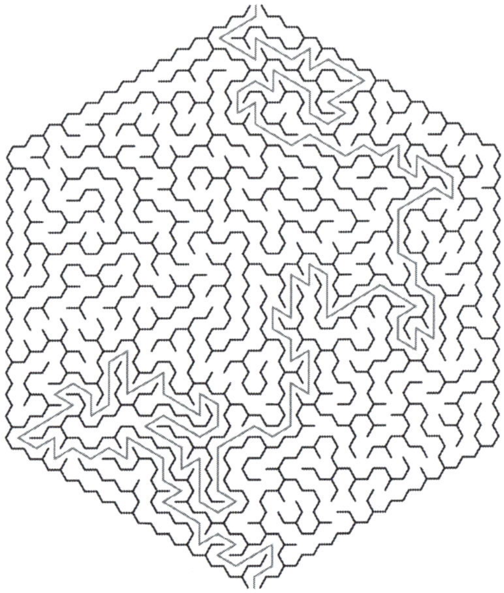

62

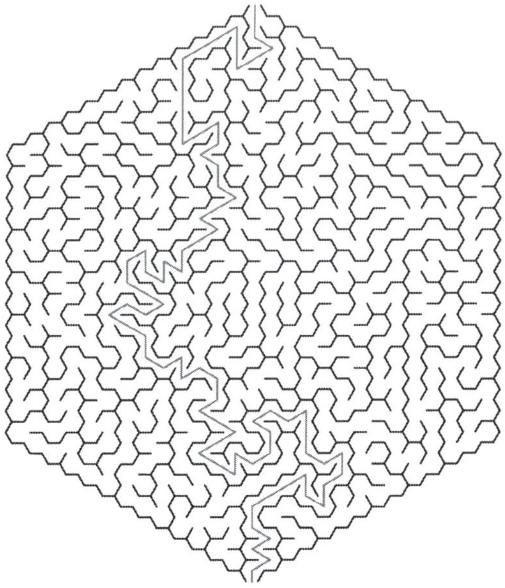

63

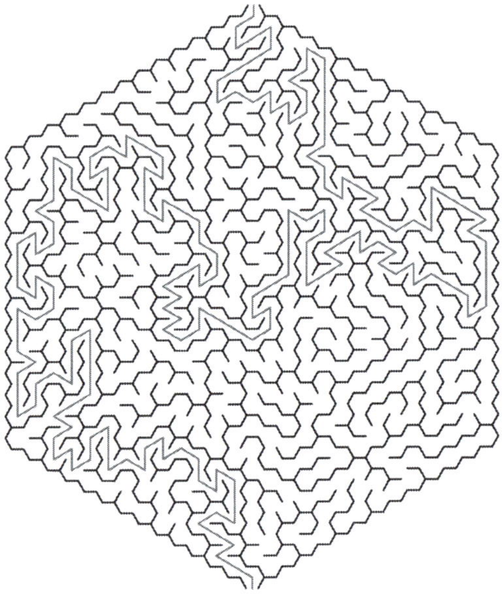

64

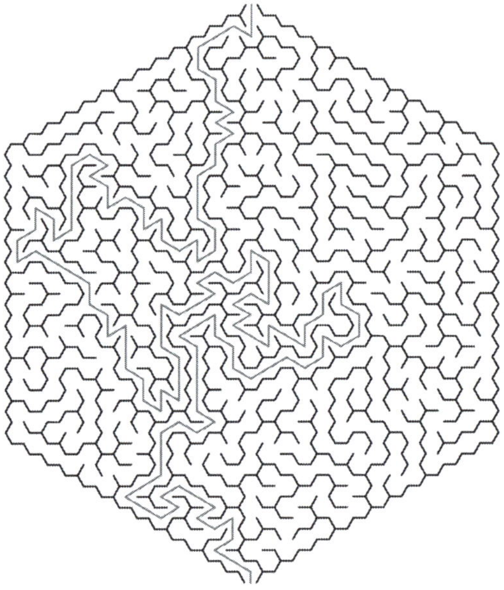

65

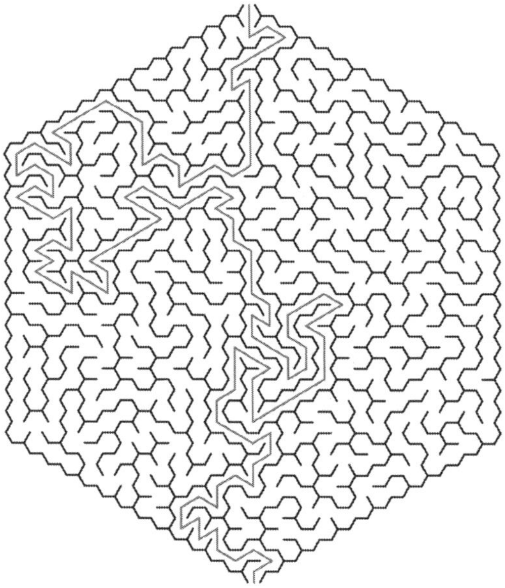

66

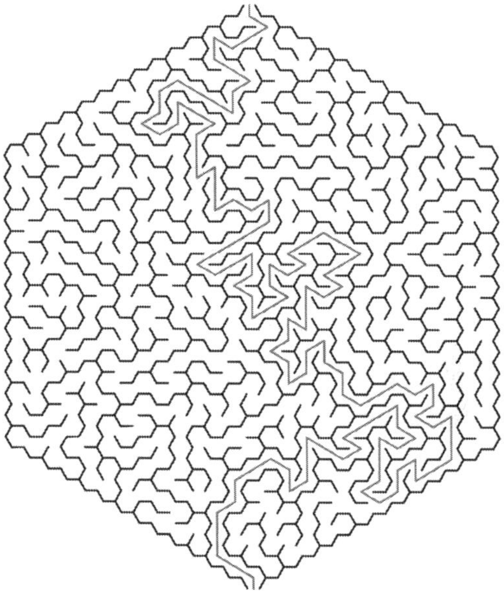

67

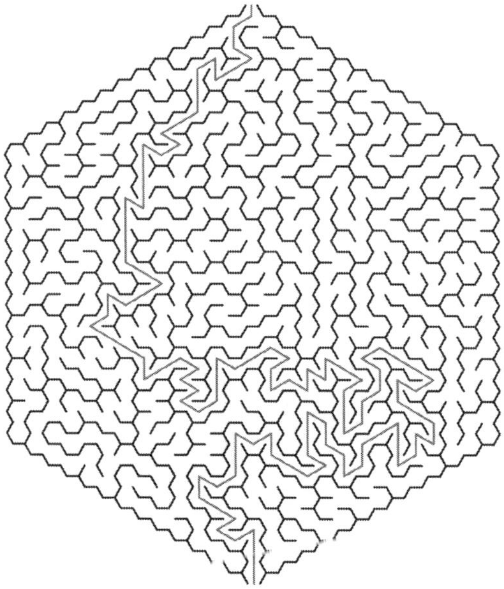

68

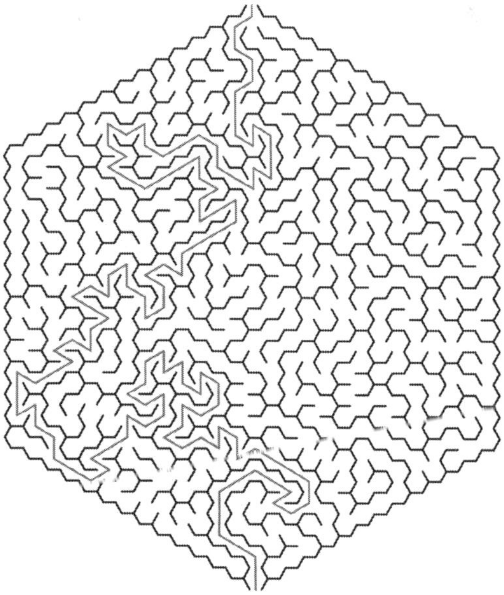

69

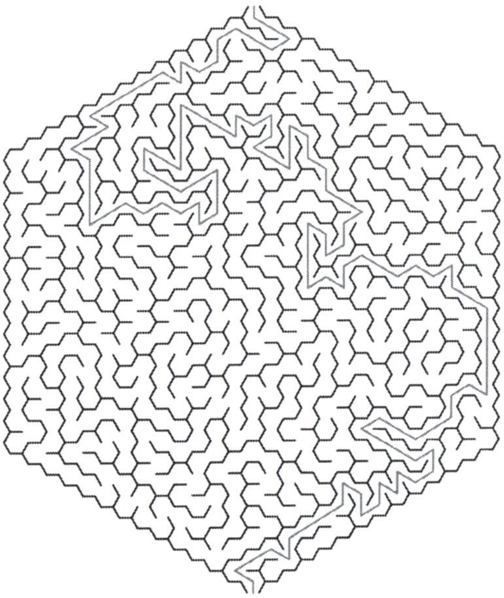

70

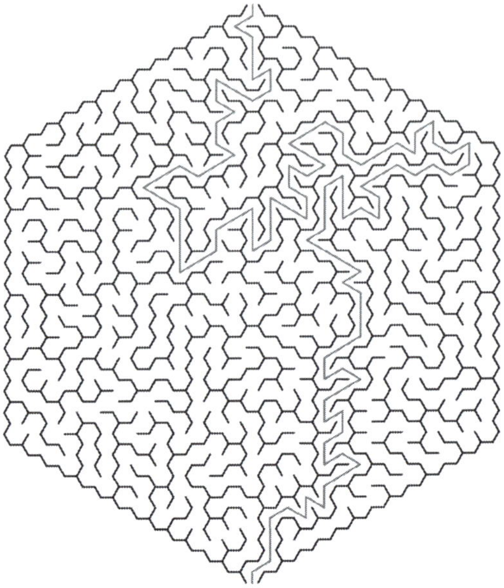

71

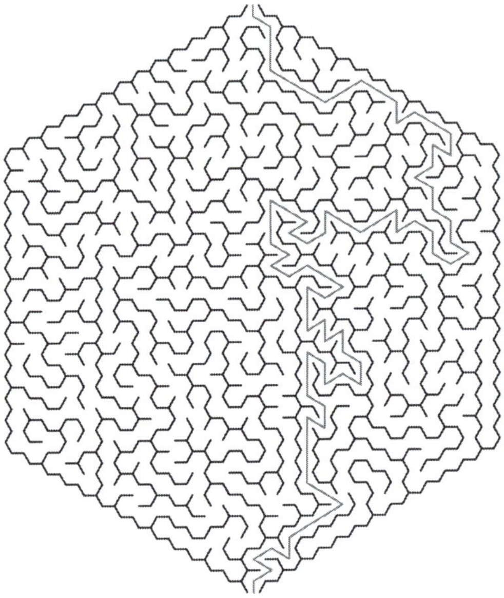

72

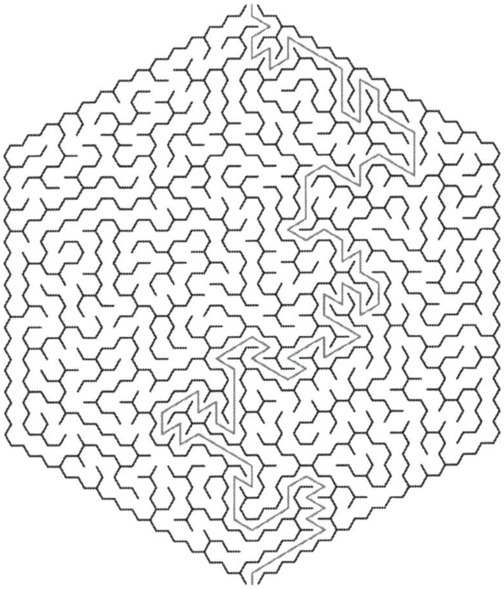

73

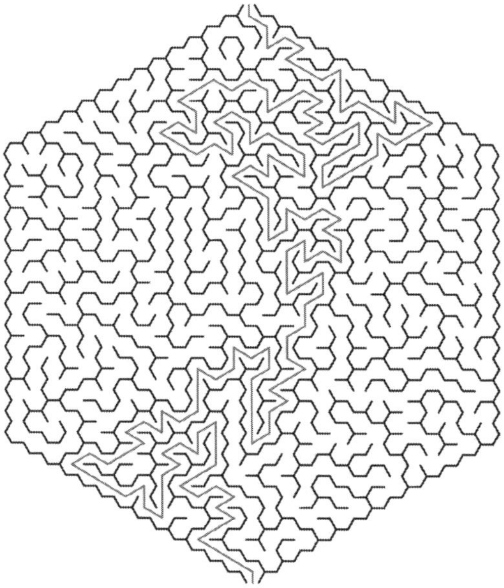

74

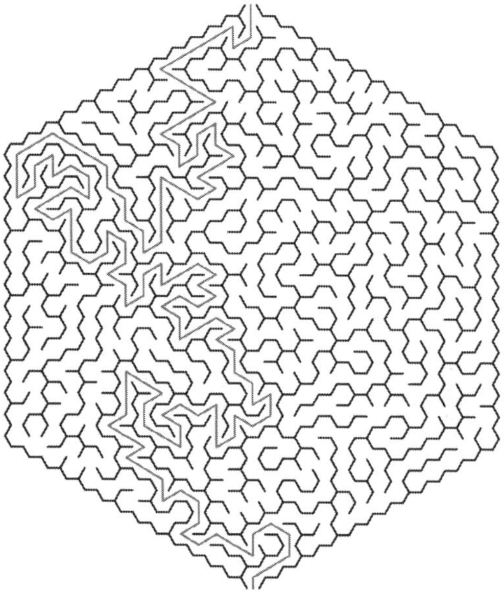

75

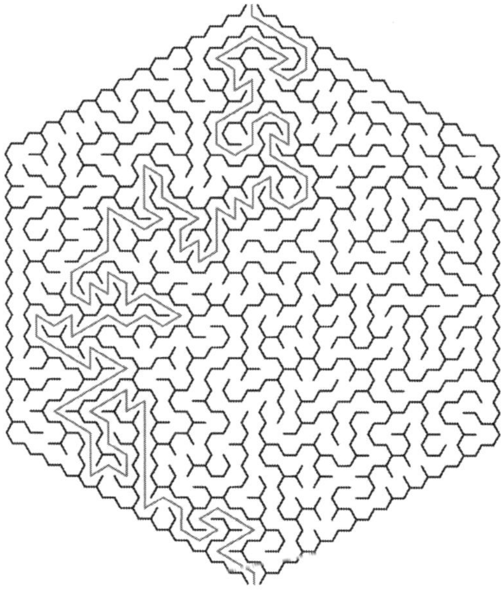

76

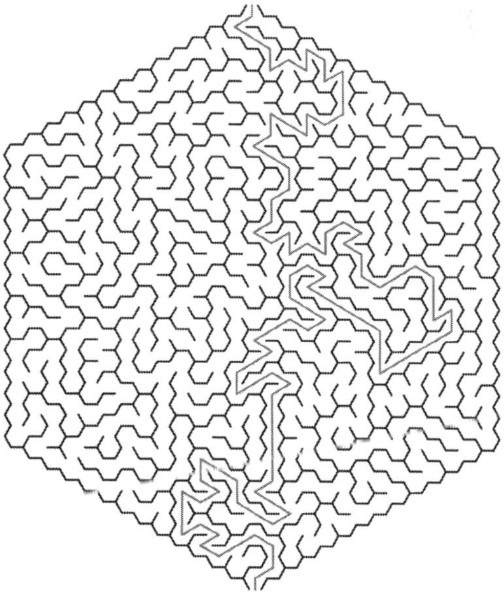

77

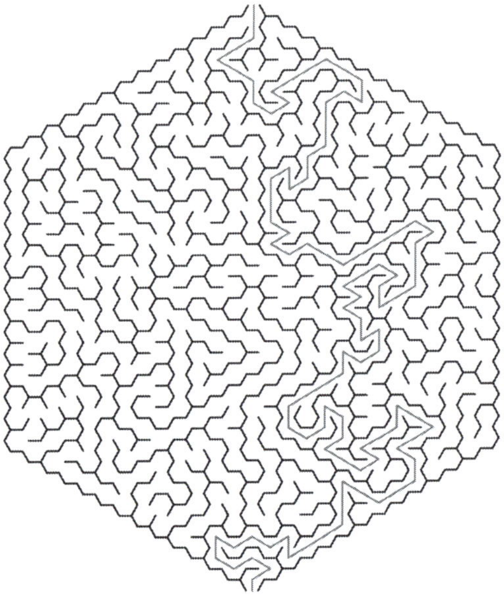

78

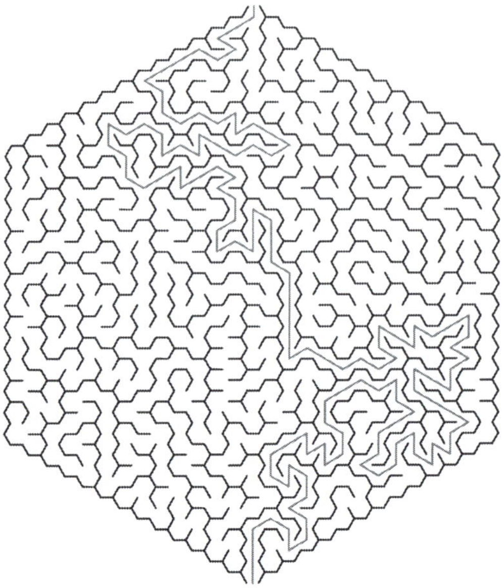

79

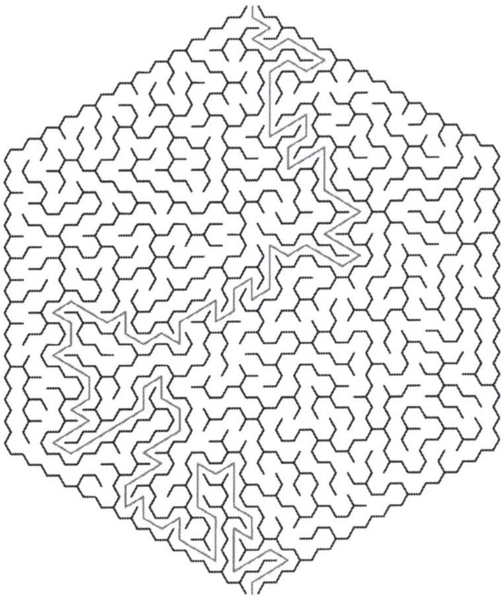

80

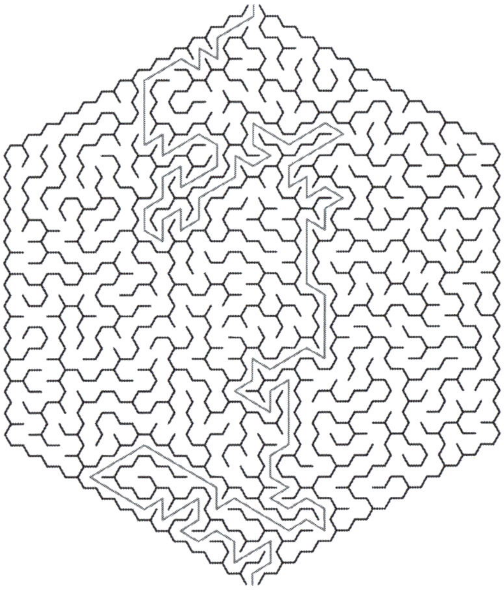

81

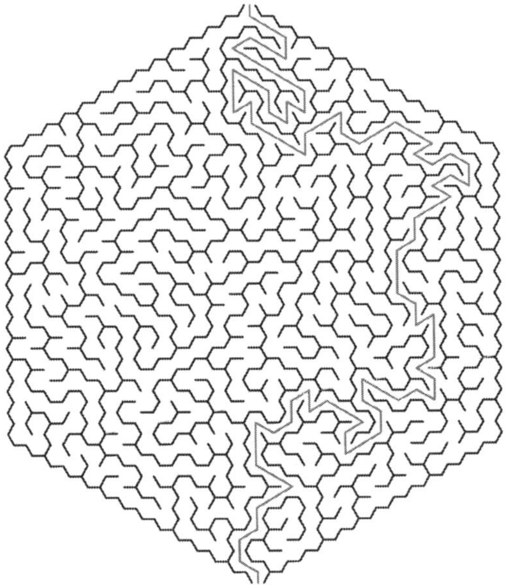

82

Made in the USA
Monee, IL
07 July 2026

56547381R00059